T0306159

DER ZUAVE

FRIEDRICH WILHELM VON HACKLÄNDER

DER ZUAVE

Adapted from

EIN SCHLOSS IN DEN ARDENNEN

Edited by

G. T. UNGOED, M.A.

Author of

A First German Book on the Direct Method

Cambridge:
at the University Press
1913

CAMBRIDGE
UNIVERSITY PRESS

University Printing House, Cambridge CB2 8BS, United Kingdom

Cambridge University Press is part of the University of Cambridge.

It furthers the University's mission by disseminating knowledge in the pursuit of education, learning and research at the highest international levels of excellence.

www.cambridge.org
Information on this title: www.cambridge.org/9781316601761

First published 1913
First paperback edition 2015

A catalogue record for this publication is available from the British Library

ISBN 978-1-316-60176-1 Paperback

PREFACE

THIS book is designed for pupils who have completed their first course in German. The text is comparatively simple in vocabulary, suitable for schools without being trivial in subject matter, and will not require more than one term for study. In addition to the phonetic transcriptions of difficult words, which are placed at the foot of each page, the book contains a short sketch of the career and works of the author, questions on the narrative, grammatical exercises, subjects and outlines for free composition, as well as phonetic transcriptions of short passages for reading and dictation.

Method. The book is primarily intended for use on the direct method. The careful and expressive reading of each section with the aid of the phonetic transcriptions will, it is hoped, help considerably to secure not only a correct pronunciation but also an intelligent understanding of the narrative, while the various exercises on the contents, on applied grammar and in reproduction will fix in the minds of the pupils the phraseology and idiom of the original. By these means much will be done to lessen the need of translation into English at this stage.

Exercises. The exercises are based entirely on the corresponding sections of the text.

They consist of:

(1) Questions A. on the narrative,
B. on the use of words and phrases.

(2) Exercises on Accidence, Syntax and Word-formation.

(3) A subject for free composition suggested by an incident in the text, the main outline being also given for beginners.

(4) A short passage written in the phonetic transcript, for reading and dictation.

The grammatical terminology is based on the report of the Joint Committee. The phonetic symbols are those of the International Phonetic Association.

My best thanks are due to Miss M. Horn for her careful reading of the phonetic sections, and to Mr G. H. Clarke, Mr W. E. Weber and Mr K. A. Buse for much valuable help in revising the proofs.

G. T. U.

June, 1913.

Friedrich Wilhelm von Hackländer.

Friedrich Wilhelm von Hackländer wurde am 1. November 1816 in Burtscheid geboren. Nach seiner Lehrzeit in einem Handelshause trat er in die preußische Artillerie ein, fühlte sich aber tief unbefriedigt und kehrte bald zur Geschäftstätigkeit zurück. Nachdem er eine Reise nach dem Orient gemacht hatte, wurde er zum Sekretär des Kronprinzen von Württemberg ernannt, den er auf seinen Reisen begleitete. Im Jahre 1857 gründete er mit Edmund Zoller die illustrierte Zeitschrift „Über Land und Meer.“ Als Hofbau- und Gartendirektor in Stuttgart (1859—64), hat er viel zur Verschönerung der Stadt getan. Während des italienischen Feldzuges (1859) wurde er dem Generalstabe der Österreichischen Armee zugeteilt. Im Jahre 1864 zog er sich ins Privatleben zurück und starb am 6. Juli 1877.

Hackländer ist nicht einer von den hervorragenden Schriftstellern der deutschen Literatur. In seinen Werken, welche sehr zahlreich sind, befinden sich viel Leben, mannigfache Abenteuer und romantische Beschreibung, aber er versteht es nicht tiefe, schöne Charaktere zu zeichnen.

Soldatenleben bezauberte ihn, und er schrieb zuerst „Bilder aus dem Soldatenleben im Frieden“ (1841). „Wachtstubenabenteuer,“ eine Fortsetzung zu seinem ersten Werke, erschien im Jahre 1845 und „Bilder aus dem Soldatenleben im Kriege“ im Jahre 1849. Diese vielgelesenen, durch harmlosen Humor ausgezeichneten Werke sind alle in mehreren Auflagen erschienen. Von seinen Romanen und Erzählungen sind „Namenlose Geschichten“ (1851) und „Eugen Stillfried“ (1852) die bekanntesten. Aus seinen Lustspielen seien hervorgehoben „Der geheime Agent“ (1850) und „Magnetische Kuren“ (1851). Seine Selbstbiographie (1878) erschien unter dem Titel „Der Roman meines Lebens.“

„**Der Zuave**“ ist einem viel längeren Romane, „Ein Schloß in den Ardennen,“ entnommen. Es erzählt uns die Geschichte der Flucht zweier Franzosen von Donchery nach ihrer Gefangennahme in der Schlacht bei Sedan.

Inhaltsverzeichnis

Der Zuave

I.

Wer sich am Schlachttage von Sedan zufällig oder in dienstlicher Eigenschaft, oder auch gezwungen in dem kleinen Städtchen Donchery befand, wird sich gewiß lebhaft des geräuschvollen, ja wild malerischen Lebens und Treibens erinnern, womit besonders am Nachmittage des genannten Tages Straßen und Plätze dieses Ortes erfüllt waren.

Was war das? Was hatte es zu bedeuten, daß nun die Luftströmung leichte Hornsignale, ja die melodischen Klänge von Regimentsmusiken, allerdings undeutlich, oft nur in einzelnen Akkorden zu uns herüberführte — dann Hurrah hier und Hurrah dort, leise beginnend, rasch anschwellend, jetzt gewaltig, dicht vor dem Orte ertönend, dann am Eingang der Stadt, auf dem Marktplatze, immer wilder, immer brausender — ein Jubelruf, in den alles, was da schreien konnte, miteinstimmte, als eine Patrouille roter Husaren über das Pflaster dahersprengte, ein Offizier voran, den Säbel schwingend, an den er ein weißes Tuch gebunden hatte, und mit lauter Stimme rufend: „Kameraden, der Kaiser ist gefangen mit seiner ganzen Armee!"

Es war das ein wunderbarer, unvergeßlicher Augenblick, man drückte jedem die Hand, in dessen Nähe man sich gerade befand, man umarmte Freunde und Bekannte, die man zufällig traf, man schrie Hurrah und wieder Hurrah, man eilte in Nebenstraßen, um dort die ungeheure Nachricht zu verbreiten, man drang in die

Zuave [tsu(·)'ɑ:və].
Sedan [se·'dɑ̃: oder 'ze:dɑn].
Donchery [dɔ̃ʃəri].
Hornsignal ['hɔrnzignɑ:l].
melodisch [me·'lo:diʃ].
Regimentsmusik [re·gi'mɛnts-mu·'zi:k].
Hurrah [hu'rɑ(:)].
Patrouille [pɑ'truljə].
Armee ['ɑr'me:].

Häuser, wo unsere Verwundeten lagen, um sie damit zu erquicken, um damit Balsam in ihre brennenden Wunden zu gießen. „Der Kaiser gefangen!“

Wahrhaft kläglich war der Anblick der Gefangenen, deren dichtgedrängte Reihen den spärlichen Raum auf Straße und Platz so vollständig ausfüllten, daß die Äußersten oft an die Häuser gepreßt wurden, ja daß eine solche Kolonne oft für längere Zeit Halt machen mußte, besonders wenn der Weg vor ihr durch Infanteriemassen oder Fuhrwerk gesperrt war.

Am Ende einer solchen Kolonne Gefangener, die auf dem Marktplatz von Donchery nicht weiter konnten, weil die Straße zum Tor von einem zusammengebrochenen Wagen wohl für eine Zeitlang gesperrt war, bemerkte man beim Schein der Wachtfeuer die große und breite Gestalt eines Zuaven, der statt des Fes oder Turbans ein weißes Tuch um seinen Kopf gewickelt hatte, das ihm als Verband diente für einen langen von der Stirne bis über die Wange hinabreichenden Säbelhieb. Das ausgeflossene Blut hatte einen Teil seines Gesichtes, sowie den nackten sehnigen Hals schauerlich gefärbt, und wenn er auch zuweilen mit seinen Fingern an die Wunde fühlte, so schien er sich doch nicht viel daraus zu machen, vielmehr von ganz andern Gedanken erfüllt zu sein.

Dies zeigte sich in der großen Beweglichkeit und rastlosen Ausdauer, mit der er bemüht war, in der dichten Kolonne vorwärts zu drängen oder dieselbe, sich langsam seitwärts schiebend, bald nach rechts, bald nach links zu durchbrechen.

So gelangte er in kurzem an die Steintreppe eines Hauses, auf dessen unterster Stufe eine schmächtige Gestalt in der Uniform der französischen Jäger, die Mütze auf schwarzem lockigen Haar, zusammengekauert und unbeweglich saß. Diese Gestalt stieß er jetzt leicht mit dem Knie an.

Balsam ['balzam].
Kolonne [ko'lɔnə].
Infanteriemasse ['infantə'ri:masə].
Fes [fɛs].
Turban ['turban].
Uniform ['u·ni·'fɔrm].
französisch [fran'tsø:ziʃ].

II.

Der Jäger richtete sich langsam mit einem tiefen Seufzer auf, um gleich darauf wieder in sich zusammenzusinken, aber plötzlich erhob er den Kopf aufs neue, als der Zuave die Hand auf seine Schulter legte, und ein leises Wort zu ihm sprach.

Es war ein junges, müdes, fast knabenhaftes Antlitz, das jetzt stumm aufblickte, von bleicher Gesichtsfarbe, mit großen, schönen, traurigen Augen. Doch belebten sich diese sichtlich auf eine freudige Art, als er den Zuaven neben sich erkannte und seine Lippen das einzige Wort hauchten: „François."

Der andere nickte mit dem Kopfe, doch ehe er etwas sprach, blickte er aufmerksam ringsumher, und erst als er bemerkte, daß die preußischen Soldaten der Begleitung nicht zu nahe bei ihnen standen, glitt er auf das Steinpflaster nieder, setzte sich neben den Jäger und flüsterte ihm zu: „Gott sei Dank, daß ich Sie endlich gefunden habe! Es hat Mühe genug gekostet, durch ein paar tausend Mann bis hierher zu dringen — wissen Sie wohl, daß wir hier in Donchery sind, Herr Graf?"

„O, ich weiß es, ich weiß es."

„Daß wir heute nacht noch gegen Beaumont geführt werden — morgen weiter nach Deutschland zu?"

„Ich weiß es."

„Als Kriegsgefangene!"

„O ja, o ja."

„Dann wissen Sie auch wohl, daß jeder Kriegsgefangene das Recht hat, ja die Pflicht hat, sich in Freiheit zu setzen, wenn ihm das möglich ist?"

„Ja, wenn es ihm möglich ist" — dabei schaute ihn der Jäger mit einem Blicke an, dessen Trauer der andere wohl verstand, weshalb er hastig fragte: „Sie sind doch nicht verwundet?"

Seufzer [ˈzɔiftsər].
zusammenzusinken [tsuˑˈzɑməntsuˑziŋkən].
aufmerksam [ˈˀaufmɛrkzɑːm].

„Nur durch einen leichten Streifschuß am Arm, der mich an nichts hindern würde, aber ich bin so müde und zerschlagen in allen Gliedern, daß ich mich kaum von dieser Treppe erheben, kaum weiter schleppen kann."

„Ha, wenn die Freiheit winkt —"

„Ja, wenn ich gehen könnte wie sonst," erwiderte der Jäger mit einem Aufleuchten seiner Augen.

„Dafür kann ich immerhin noch für zwei marschieren und nehme Sie auf den Rücken wie früher schon so oft — wollen Sie mir folgen? — — so nah der Heimat?"

Der Zuave sagte das beinahe in einem Tone des Vorwurfs, und als er dann mit Zuversicht hinzusetzte: „Es muß gelingen, wenn Sie wollen und sich für eine kurze Zeit meinen Anordnungen fügen," erwiderte der andere: „Ich will dir folgen, François, Mut habe ich, um alles zu wagen, und wenn wir auch im schlimmsten Falle zusammengeschossen würden, besser noch als gefangen sein."

„Gut, ich habe schon daran gedacht, Sie sollten als marode hier liegen bleiben, doch hilft das nichts, mich würden sie forttreiben, und sowie wir getrennt sind, ist alles verloren! Hören Sie also, was ich ausgedacht habe. Werden wir wirklich nach Beaumont geführt, so passieren wir eine Straße, wo ich jedes Haus kenne und wo uns besonders eines günstig ist, in welchem auch Sie schon häufig waren, wenn wir hier Pferde einstellten — erinnern Sie sich? — das Eckhaus, um welches man scharf herumbiegt, um auf die Route nach Beaumont zu kommen. Wenn wir da sind und ich Sie an der Schulter packe, so haben Sie nichts zu tun, als sich willenlos von mir fortziehen zu lassen — ist das abgemacht?"

„Abgemacht, Gott lohn' es dir, François!"

„Gut, so muß ich mich zuerst nach einer Umhüllung für meine Uniform umschauen." Damit erhob er sich und begab sich dicht an den Häusern vorbei von dem andern hinweg.

immerhin [ˈˈimərˈhin].
Ton [toːn].
Heimat [ˈhaimaːt].
Zuversicht [ˈtsuːfɛrziçt].
marode [maˈroːdə].
passieren [paˈsiːrən].
Route [ˈruːtə].
hinweg [hinˈvɛk].

III.

Kurze Zeit darauf setzte sich die Kolonne wieder in Bewegung und die Masse der müden Gestalten, Gefangene und Landwehrleute, schwankte und stolperte in der Straße weiter, um, sobald sie den Marktplatz verlassen, in ziemlicher Dunkelheit dahinzuziehen.

Der Jäger hielt sich an der rechten Seite der Straße, wo das Haus war, von dem ihm François gesprochen.

Jetzt kamen sie in die Nähe desselben.

Dort, keine fünfzig Schritte mehr entfernt, war der bezeichnete Torweg, dort ging es scharf rechts, dann eine Zeitlang zwischen Mauern bis ins Freie auf der Straße nach Beaumont, wo alsdann im hellen Mondlicht kein Entrinnen mehr möglich war.

Da drängte mit einem Male die ganze Gefangenenkolonne so scharf und ungestüm nach der rechten Seite der Straße, daß die Landwehrleute rasch vorwärts eilten, um zu sehen, was es gäbe. — Es war nichts Ungewöhnliches, nur eine Kolonne leerer Granatwagen, die ihnen im Trab entgegenkam, um jenseits Donchery frische Munition zu fassen. — In diesem Augenblick fühlte sich der Jäger an der Schulter gefaßt, dann heftig fortgerissen und im nächsten Augenblick in eine Mauerecke gedrückt, wobei die breite Hand des Zuaven seinen Mund verschloß.

Regungslos standen hier beide einige Minuten, fast ohne zu atmen, lauschend auf das Geräusch der vorüberziehenden Kolonne, auf das Rasseln der Wagen; und als beides immer schwächer wurde und endlich ganz erstarb in dem Sausen und Brausen, das vom Marktplatz immer noch herübertönte, flüsterte der Zuave seinem jungen Gefährten zu: „Vor der Hand gerettet, aber hier in nicht minderer Gefahr!“ Damit beugte er sich ein wenig auf die Seite und machte es so dem andern möglich, den ziemlich dunklen Weg zu übersehen, zu gleicher Zeit aber die weit geöffneten Stalltüren,

Torweg ['to:rve:k]. jenseits ['je:nzɑits].
Mondlicht ['mo:ntliçt]. Munition [mu·ni·tsi'o:n].
Granatwagen [gra·'nɑ:tvɑ:gən]. atmen [''ɑ:tmən].

aus denen Lichtschein hervordrang, bei welchem man zahlreiche Pferde dicht aneinander gedrängt stehen und jetzt einen von der preußischen Stallwache erscheinen sah. Er war einer von den besonders gefürchteten Ulanen, der sich an den Türpfosten lehnte und den Säbel leicht im Arme haltend gedankenvoll in die blendende Mondscheibe blickte, dann den Anfang einer Melodie pfiff und gleich darauf wieder im Stall verschwand.

Darauf hatte der Zuave nur gewartet, um, seinen Gefährten rasch mit sich fortreißend, wieder die Straße zu erreichen, die jetzt ziemlich öde lag. Nur zuweilen sah man am Ende der langen Mauern, von denen wir oben gesprochen, undeutliche Gestalten: kamen sie oder gingen sie? François nahm sich keine Zeit, das zu überlegen, sondern hob seinen jungen Gefährten an der Mauer zur Rechten empor, und flüsterte ihm zu: „Hinüber, nur rasch hinüber," was der Jäger so hastig befolgte, daß er im nächsten Augenblick auf der andern Seite hinabrollte, dort aber glücklicherweise auf weiches Gartenland fiel. Aufblickend sah er wohl, daß ihm François behende gefolgt war und sich schon auf der Mauer befand; doch erstarrte sein Blut, als er jetzt das Krachen von ein paar rasch aufeinander folgenden Schüssen hörte, als er zu sehen glaubte, wie die riesige Gestalt des Zuaven zusammenzuckte, schwankte und als er dann wirklich sah, daß dieselbe wie leblos zu seinen Füßen niederstürzte.

IV.

Mit dem Ausdruck des Entsetzens in den bleichen Zügen hatte sich der Jäger neben den Dahingestürzten auf die Knie niedergeworfen, strich ihm hastig die Kapuze von der Stirn und tastete an seinem Körper umher, um dort irgendwo hervorquellendes Blut zu entdecken. Doch war davon auch nach Beseitigung des grauen Mantels nichts zu finden, ebensowenig als an der linken Seite des

Ulan ['u'lɑ:n].
Melodie [me·lo·'di:].
öde [''ø:də].

hinüber [hi'ny:bər].
behende [bə'hɛndə].
Kapuze [kɑ'pu:tsə].

Kopfes, wohin François nach Verlauf einer guten Minute einigemal mit der Hand griff.

Der Jäger atmete leichter auf bei den Zeichen des wiederkehrenden Lebens und sprach gleich darauf den Namen seines Gefährten freudig aus, als dieser nun weit die Augen öffnete und zu gleicher Zeit den Versuch machte, sich aufzurichten.

„Alle Teufel," sagte er, „warum bin ich denn hier eingeschlafen und wo sind wir eigentlich? Schwebt mir doch so etwas vor, als hätte man uns zu Kriegsgefangenen gemacht?"

„Ja, ja, so war es auch," flüsterte der andere, sich tief zu ihm herabbeugend, „dann waren wir auf der Flucht und während wir über diese Mauer sprangen, schoß man hinter Euch drein, worauf Ihr hier zu meinen Füßen niederfielt."

„Und das ist schon lange her?"

„O nein, kaum eine Viertelstunde."

Der Zuave richtete sich langsam auf und schüttelte leicht den Kopf, nachdem er in der Nähe der Schläfe seinen Schädel berührt und dann seine Finger betrachtet, an denen keine Spur von Blut zu sehen war. Dann sagte er nach einigem Besinnen: „Jetzt kann ich mir denken, wie das gekommen ist. Es kann nicht anders sein, als daß die Kugel einen Stein von der Mauer abgelöst und mir an den Kopf geschleudert hat."

„Fühlt Ihr Euch schwach, François?" fragte der andere besorgt.

„Nur ein bißchen duselig, wogegen ein guter Schluck Kognak hilft; dann aber wollen wir das Weite suchen."

Gleich darauf schlichen sie im tiefen Schatten der Mauer dahin, zuweilen lauschend stehen bleibend, wenn sie von jenseits derselben Stimmen vernahmen oder das Geräusch trabender Pferde.

Dann hatten sie das Ende der Mauer und des Grundstückes erreicht, wo dasselbe von der Maas begrenzt wurde.

einigemal [ˈˈɑinigəˈmɑːl]. | Kognak [ˈkɔnjɑk].
Viertelstunde [firtəlˈʃtundə]. | zuweilen [tsuˑˈvɑilən].
duselig [ˈduːzəliç]. | Maas [mɑːs].

Es war das ein mühsamer, beschwerlicher und gefährlicher Weg, denn sobald sie längs der Stadt vorüber waren, sahen sie auch am diesseitigen Ufer dicht neben sich das Leuchten der deutschen Wachtfeuer.

„Eine kleine Strecke aufwärts des Flusses," flüsterte François, „ist ein schlecht unterhaltener Hohlweg, zu schmal für Fuhrwerk, auch sonst ohne Wichtigkeit für irgend welche Kommunikation, der deshalb auch wohl unbesetzt ist. Dem wollen wir uns anvertrauen — verwünschter Mondschein! Wenn die dort drüben an ihren Feuern nicht blind sind, so müssen sie uns sehen, sobald wir die vom Mond hell beschienene Fläche betreten, die uns von dem Hohlweg trennt — 's hilft aber nichts, also rasch vorwärts!"

Glücklicherweise wurden sie von keinem menschlichen Wesen gesehen. Dennoch liefen sie große Gefahr, entdeckt zu werden, da am nächsten Wachtfeuer ein riesiger neufundländer Hund knurrend und bellend aufsprang und in gewaltigen Sätzen eben den Rand des Hohlwegs erreicht hatte, als die beiden im tiefen Dunkel desselben verschwunden waren.

„Bis jetzt sind wir so gut durchgekommen," sprach der Zuave mit leiser Stimme, „daß ich denke, wir haben einige Chance, die minder lebhaften Felder dort drüben und den Wald des Wolfsrückens zu erreichen — stützen Sie sich nur fest auf meinen Arm, Herr Graf! Habe ich doch weder Gewehr, noch Tornister, und tüchtig ausschreiten müssen wir, um während des Dunkels der Nacht Zeit zu behalten, uns irgendwo an einen sichern Ort zu verstecken, wenn wir je nicht weiter könnten. — Sind Sie müde?"

„Ja, François," klang es mit schwacher Stimme zurück.

längs [lɛŋs].
Kommunikation [kɔmu·ni·kɑ·tsi'o:n].
dennoch ['dɛnɔχ].
neufundländer [nɔi'funtlɛndər].
Chance ['ʃɑ̃:sə].
Tornister [tɔr'nistər].

V.

Dabei berührte er leicht die Schulter des jungen Mannes und zeigte mit der Hand aufwärts und dann vor sich hin an die gegenüberliegende hell erleuchtete Wand des Hohlwegs, wo jetzt plötzlich ein Paar lange Schatten erschienen, an denen man die preußische Pickelhaube, sowie die Bajonnettspitze des Gewehrs erkennen konnte; dann vernahmen die Flüchtlinge auch Worte, welche über ihren Häuptern gesprochen wurden, deutsche Worte, die aber der Zuave wohl verstand.

„Jedenfalls sitzen wir hier in einer guten Falle," meinte der Zuave nach einiger Zeit, „und können uns nicht anders helfen, als wenn wir bei meinem vorhin gefaßten Plane bleiben." Den teilte er seinem jungen Gefährten mit, bezeichnete ihm auch die ungefähre Stelle, wo hinaufgeklettert werden mußte, und als die beiden Schatten droben schon seit einiger Zeit gänzlich verschwunden waren, nahm er seinen Mantel wieder auf die Schulter und bedeutete dem jungen Jäger mit der Hand, ihm zu folgen. Hier war schon die Baumwurzel und nach einigem Überlegen fand es François für rätlich, seinen schmächtigen, viel kleineren Begleiter voraus aufwärts klettern und auch voraus laufen zu lassen, um ihm auf diese Art gewissermaßen den Rücken zu decken. Er bezeichnete ihm als Richtung seines Laufes eine Gruppe matt glänzender Sterne und war eben im Begriff, sich hinter ihm drein auf den Rand des Hohlwegs zu schwingen, als er bemerkte, wie der bis jetzt so dunkle, stahlgraue Himmel plötzlich von einer rötlichen Glut angestrahlt wurde. Rückwärts schauend, sah er, daß in der Mitte des Städtchens Donchery leuchtende Flammen emporstiegen, zugleich aber auch, wie die beiden preußischen Infanterieposten in

Bajonnettspitze [bɑ·jo·'nɛtʃpitsə].
Plan [plɑ:n].
ungefähr ['ungə'fɛ:r]
Überlegen ['y:bər'le:gən].
voraus [fo·'rɑus].
Art ['ɑ:rt].
gewissermaßen [gə'visər'mɑ:sən].
Infanterieposten ['infɑntə'ri:pɔstən].

sehr verdächtiger Nähe Kehrt gemacht hatten, um ebenfalls nach dem Brande zu schauen.

Das war ein günstiger Augenblick.

„Laufen Sie, laufen Sie," stieß François kaum vernehmlich hervor, worauf der andere alsbald über das Feld dahinflog; dann war auch der Zuave mit einem raschen Satze oben, um ihm zu folgen, hatte aber noch nicht hundert Schritte gemacht, als ein paar Schüsse hinter ihm krachten, und das ihm dicht am Kopfe vorbeizischende Blei seinen Lauf noch beschleunigte.

Die wenngleich kurze Ruhe schien dem jungen Jäger merkwürdige Kräfte verliehen zu haben, denn er floh so rasch über das Feld dahin, daß ihm François kaum zu folgen vermochte, ja daß es eine gute Viertelstunde dauerte, bis er ihn endlich an einer Bodensenkung am Ufer des kleinen Flüßchens Bar einholte.

Da standen sie nun, lange, tief und mühsam atmend, und François reichte seinem Begleiter die Hand, indem er ihm tröstend sagte, daß sie jetzt wohl die größte Gefahr hinter sich hätten. „In kurzem erreichen wir die heutigen Schlachtfelder," fuhr er fort, „und was sich da allenfalls herumtreibt, ist ebenso wenig zu fürchten, als die stille Gesellschaft, die uns anstarren wird, ohne uns zu kennen, die dort ruht mit geöffnetem Munde, ohne uns ‚Halt, wer da' oder sonst etwas zurufen zu können."

VI.

„Horch, François," sagte der Jäger stehen bleibend, nachdem sie eine Zeitlang rüstig aufwärts in der Richtung gegen Claire und Floing gegangen waren, dabei sorgfältig jede Ortschaft, jeden breiteren Weg vermeidend — „horch, hörst du nichts?"

„O, ja, von da drüben her, doch ist das nichts Verdächtiges, nur das Stöhnen eines armen Pferdes, das am Verenden ist. Dort muß eine Batterie tüchtig im Feuer gestanden haben."

vorbeizischen [foːrˈbaitsiʃən]. Horch [hɔrç].
tröstend [ˈtrøːstənt]. Batterie [batəˈriː].

Jetzt sehen sie deutlich ein paar zerschossene Lafetten und dabei einen unförmlichen Haufen von allerlei ehemals Lebendigem.

„Fassen Sie immerhin meinen Arm, wir müssen darüber wegschreiten, es hilft nichts, für uns ist der schlimmste Weg der sicherste."

Sie wanderten weiter und sahen bald das Dörfchen Illy in undeutlichen Umrissen vor sich auf der Höhe liegen, von einer dichten grauen Rauchwolke überragt, die sich in der stillen Nachtluft hoch emporhob.

„Ich weiß nicht, was es war," flüsterte der Jäger alsdann, „doch streifte etwas mein Knie, ja faßte mich an und liegt jetzt auf der Spitze meines Stiefels."

„Sollte hier noch was Lebendiges sein — möglich wär's immer" — dabei bückte sich François hinab, um alsdann auf den Boden niederzuknieen und einen dort befindlichen, anscheinend toten menschlichen Körper umzuwenden, so daß das Gesicht aufwärts zu liegen kam.

Es war dies ein preußischer Husarenoffizier, dessen reich verschnürter Attila von Blut überströmt war. Sein Arm mußte es gewesen sein, der den Jäger berührt, sowie seine Hand, deren Finger sich leicht bewegten, dessen Stiefel gestreift hatten. Sein jugendliches Gesicht war fahl und bleich, doch hatte er die Augen halb geschlossen, und als sich nun François dicht über ihn hinabbeugte, spürte er wohl, daß er noch leise atmete.

„Ich will ihm die Füße wenigstens unter seinem toten Pferde hervorziehen und ihn mit dem Rücken daran lehnen — — so kann er wenigstens behaglicher sterben, wenn das seine Bestimmung ist."

Nach diesen Worten richtete er den Oberkörper des Offiziers auf und zog ihn leicht zurück, so daß er an das Pferd gelehnt aufrecht sitzen blieb. Dabei mochte der Schmerz, den dies dem Verwundeten verursacht, sein Bewußtsein zurückgeführt haben, genug,

Lafette [lɑˈfɛtə].
Lebendig [leˑˈbɛndiç].
überragen [ˈyːbərˈrɑːgən].
Husar [huˑˈzɑːr].
Attila [ˈˈɑtiˑlɑː].
überströmen [ˈyːbərˈʃtrøːmən].

er öffnete langsam die Augen und schaute den vor ihm stehenden Zuaven an. Dann entrang sich ein tiefer Seufzer seiner Brust, seine Lippen bewegten sich und er brachte, sichtlich sehr mühsam, das Wort „Durst“ hervor.

„Das glaub' ich wohl, wenn man hier stundenlang verwundet gelegen hat. Doch haben wir leider kein Wasser, mein Offizier, aber es tut sich wohl auch ein Tröpfchen Kognak, — da trinken Sie einmal!“

Dabei in gutem Französischen flüsterte er die Worte: „Kamerad, ich bin schwer verwundet.“

„Parbleu, mein Offizier, das haben wir schon bemerkt und Sie deshalb unter Ihrem Pferde hervorgezogen.“

„So — — das taten Sie? So bin ich also in die Hände braver Leute gefallen — und darf hoffen — “

„Alles Gute, mein Offizier, was uns nämlich anbelangt. Wollen Sie nicht den Versuch machen, sich aufzurichten, vielleicht ist keiner Ihrer Füße bedeutend verletzt, und es wäre Ihnen möglich, sich abwärts zu schleppen, wo Sie wohl eine deutsche Ambulanz erreichen könnten.“

„Den Versuch möchte ich schon machen, aber ich fürchte daß er vergeblich ist, ich kann mein linkes Bein nicht bewegen.“

„Das wäre schlimm — aber probieren könnten wir das Aufstehen doch, reichen Sie mir Ihren gesunden Arm — so — leiden Sie sehr?“

„Gebrochen scheint mein Fuß nicht zu sein, ich kann schwach auftreten — — doch schmerzt er mich fürch—ter—lich.“ Die letzte Silbe klang wie ein Hauch, dann sank sein Kopf zurück und er hing wie leblos in den Armen des Zuaven.

Da vernahm dieser mit einem Male einen lauten Schrei seines Begleiters, dann ein gurgelndes Röcheln, und als er entsetzt aufblickte, fühlte er bei dem, was er sah, wie sich sein Haar emporsträubte und wie ihm ein unheimliches Frösteln über den Rücken hinablief.

Ambulanz ['ambu·'lants]. Röcheln ['rœçəln].
probieren [pro·'biːrən]. Frösteln ['frœstəln].

VII.

Er sah seinen jungen Begleiter kraftlos zusammenbrechen unter den Fäusten einiger deutschen Infanteristen, sah, wie das Bajonnett eines derselben zum Stoße ausholte gegen die Brust des jungen Grafen, des einzigen Sohnes seiner hochverehrten Herrschaft, und fühlte es deshalb kaum, wie die kalte Spitze eines Eisens seinen eigenen nackten Hals berührte. Er biß die Zähne aufeinander und seine Augen, das Entsetzlichste erwartend, traten ihm aus dem Kopfe hervor — — — — da hörte er hinter sich eine befehlende Stimme, die ein lautes „Halt da" rief, und dann sah er gegen die Infanteristen einen Offizier ansprengen, der mit dem Säbel das Bajonnett des einen aufwärts schlug und sagte: „Das Zusammenstechen so ohne weiteres wäre nicht viel besser, als was diese gewollt oder getan. Bindet die Kerle und ihnen soll ihr Recht werden, das versprech' ich euch!" Dann warf er sein Pferd herum, parierte es dicht vor dem Zuaven und befahl ihm, den scheinbar leblosen Körper des Husarenoffiziers auf den Boden niederzulegen.

Die Soldaten murrten ziemlich laut und deutlich.

In diesem Augenblicke fühlte sich François von ein paar kräftigen Fäusten gepackt und spürte zu gleicher Zeit den Strick, den man um seine Handgelenke schnürte. Doch kehrte trotz alledem sein Gleichmut augenblicklich zurück, er warf die Lippen unter einem allerdings traurigen Lächeln auf und meinte achselzuckend: „Die Toten können nicht mehr reden, und wenn Der da unterdessen gestorben ist, so gebe ich selbst keinen Sou mehr für mein Leben. Kommt er aber wieder zu sich, was ja auch möglich ist, so laßt ihn sprechen!"

Der Ulanenoffizier war vom Pferde gesprungen und beschäftigte sich mit seinem Kameraden, der allerdings in einer bedenklichen

Infanterist [ˈinfantəˈrist].
Stoß [sto:s].
parieren [paˈri:rən].
alledem [ˈˈaləˈde:m].
achselzucken [ˈˈaksəltsukən].
unterdessen [ˈuntərˈdesən].

Ohnmacht lag. Da er keine andere Verletzung entdeckte als die Schußwunde, die er sogleich als eine solche erkannt, blickte er fragend zu dem trotzig dastehenden Zuaven auf.

„Sucht nur, was Ihr nicht finden werdet," sagte dieser in deutscher Sprache. „Aber wenn mir mein Schutzpatron gunstig ist, so wird Euch der Offizier sogleich selbst sagen, ob Ihr das Recht habt, uns als Räuber und Mörder zu behandeln — denn, bei Gott, er bewegt sich wieder und schlägt die Augen auf!"

So war es auch; der Verwundete, welchen der Ulanenoffizier sanft aufgerichtet, tat einen tiefen Atemzug, bewegte die Lippen und in seinen leicht zuckenden Mundwinkeln zeigte sich zugleich mit dem wieder erwachten Leben etwas wie ein mattes Lächeln beim Erkennen der deutschen Uniform.

„Wenn wir nur etwas zu seiner Stärkung hätten," meinte der Ulanenoffizier, um sich schauend — „wer von euch hat noch was in der Feldflasche?"

Das schien aber bei keinem der Fall zu sein, war auch erklärlich bei dem jetzt schon stundenlang dauernden Absuchen der Schlachtfelder nach diesem furchtbaren Tage. Der Zuave sagte deshalb mit einem Anflug von Humor: „Hättet ihr mir nicht so schöne Armbänder umgelegt, so würde ich vielleicht im Stande sein, meine Feldflasche hinüberzureichen, wie schon einmal geschehen — — ja, wie schon einmal geschehen — Sacre bleu!" setzte er mit einem trotzigen Aufwerfen des Kopfes hinzu. „Fragt den Offizier selber, nehmt aber vorher meine Feldflasche und setzt sie ihm an den Mund!" Das geschah sogleich, und dann bestätigte dieser die Rede des Zuaven durch ein ausdrucksvolles Kopfnicken und die leise geflüsterten Worte: „Kann wohl sagen, daß ich diesem Mann das Leben verdanke, er hat mich unter meinem Pferde hervorgezogen, er hat mich durch einen kräftigen Trunk wieder zum Bewußtsein zurückgebracht."

„Löst ihm die Bande!"

Ohnmacht [ʺoːnmɑχt]. Humor [huˈmoːr].
Schutzpatron [ˈʃutspɑ·troːn]. vielleicht [fi·ˈlɑiçt].

VIII.

„Löst ihm die Bande!"

Diesem Befehl des Ulanenoffiziers wurde augenblicklich und aufs bereitwilligste Folge geleistet.

„Wenn du die Wege hier kennst," sagte der Ulanenoffizier, der wieder zu seinem Pferde getreten war, „so wüßtest du vielleicht meinen armen Kameraden auf einem Umwege zu einem unserer Bivouaks oder Ambulanzen in der Nähe von Donchery zu führen."

„Den Weg kenne ich allerdings so gut, daß ich ihn mit verbundenen Augen bei Tage und auch bei Nacht gehen möchte. Er führt dort neben Illy durch eine Schlucht, in deren Nähe heute allerdings stark gekämpft wurde; aber mein Offizier, es ist hart, hier oben wieder gefangen zu werden, weil wir uns mitleidigerweise mit Ihrem Herrn Kameraden beschäftigt — sonst wären wir längst in Sicherheit!"

„Führe uns gut und das Übrige wird sich finden."

„Danke, mein Offizier."

Dieser wandte sich noch einmal an den Verwundeten, versprach ihm, in allen Fällen mit oder ohne Hilfe zurückzukehren, und trabte über das Feld davon.

Die Infanteristen, müde und erschöpft, wie sie waren, hatten sich, sobald die Sache auf die eben beschriebene Art eine behaglichere Wendung genommen, auf den Boden gelagert in der Nähe des französischen Jägers, der sogleich wieder in einen tiefen Schlaf versunken war.

* * * * * *

„Kommt da nicht etwas?" sagte der Zuave, indem er sich tief hinabbeugte, um einen Gegenstand sich auf dem helleren Nachthimmel deutlicher abheben zu lassen — „ja, es ist ein Reiter oder zwei, jetzt nähert sich einer rascher, während etwas Dunkles, das ich noch nicht zu unterscheiden vermag, langsamer folgt."

bereitwillig [bəˈraitviliç]. Bivouak [bi·vu·ˈak].

„Jedenfalls ist es einer unserer Reiter, wahrscheinlich der Ulanenoffizier, der zurückkommt."

Und so war es auch; er kam in scharfem Trab daher, um dem Verwundeten die angenehme Botschaft zu bringen, daß er einen Karren aufgetrieben habe, der ihm auf dem Fuße folge; und bald darauf zeigte sich derselbe deutlich, mit einem Pferde bespannt, welches von einem Manne mit einer Blouse geführt wurde. Es war dies allerdings ein sehr notdürftiges Transportmittel, nur ein viereckiger Kasten auf zwei Rädern, jedoch mit etwas Stroh gefüllt, welches dadurch zu einem ziemlich weichen Lager gemacht wurde, daß man Decken der hier zahlreich liegenden verendeten französischen Kavalleriepferde dazu nahm. Als der verwundete Husarenoffizier sanft und sorgsam hinaufgelegt worden war, dankte er mit gerührten Worten und versicherte, behaglich wie im besten Bette zu liegen. Auch hatte der Ulan eine Flasche Wein und ein Stück Brot mitgebracht, und nachdem der Verwundete etwas zu sich genommen, fühlte er sich kräftig genug, um eine Fahrt aushalten zu können.

Dann ging es vorwärts, anfänglich sehr langsam, bis man das gräßliche Defilee hinter sich hatte.

Der Kampf in der Nähe dieser Schlucht war allerdings sehr heftig gewesen, und um sich zu überzeugen, daß das Fahrzeug mit dem Verwundeten keinen zu großen Schwierigkeiten begegnen würde, ersuchte der Zuave, einen kleinen Halt machen zu wollen, während er vielleicht in Begleitung des Ulanenoffiziers vorginge, um das Terrain zu rekognoszieren.

Der Ulanenoffizier gebrauchte die Vorsicht, selbst als Eklaireur vorauszureiten, wobei der Zuave seitwärts von ihm durch die Büsche zog, stets den Offizier im Auge behaltend, während ein paar Mann der Infanterie, zu beiden Seiten langsam vorschreitend, die

Botschaft ['bo:tʃaft].
Blouse ['blu:zə].
Transportmittel [trans'pɔrtmitəl].
Kavallerie [kavalə'ri:].
Defilee [de·fi·'le:].
begegnen [bə'ge:gnən].
Terrain [tɛ'rɛ̃:].
rekognoszieren [re·kɔgnɔs'tsi:rən].
Eklaireur ['e·klɛ·'rø:r].
stets [ʃte:ts].

Gehölze durchsuchten. Verdächtiges zeigte sich auch nirgendwo, und man glaubte schon in der Richtung gegen Fleigneur glücklich aus dem Walde hinauszukommen, als der Ulan mit einem Male sein Pferd anhielt und dem Zuaven ein Zeichen machte, an seine Seite zu kommen, worauf dieser auch augenblicklich herbeieilte. Man sah seitwärts eine kleine Waldlichtung und bemerkte dort eine ganz eigentümliche Gesellschaft, über deren Zweck und Treiben man bei einem schwachen Dämmerlichte des Mondes von hier aus unmöglich etwas Genaues zu entdecken vermochte. Alles, was der Zuave, der sich ein paar Schritte langsam vorgeschlichen hatte, als er wieder zurückkam, mit Gewißheit versichern zu können glaubte, war, daß es keine Soldaten seien, denn er habe deutlich Männer in Blousen bemerkt, sowie Weiber bei ihnen, die beim schwachen Scheine mehrerer Laternen mit irgend etwas beschäftigt seien.

IX.

„Jedenfalls, mein Offizier," sagte der Zuave, „wird es notwendig sein, den Karren halten und mich mit einigen Ihrer Leute sehr vorsichtig näher rücken zu lassen. Wir müssen auf Schlimmes gefaßt sein, denn ich fürchte, wir haben es dort mit bösem, verwegenem Gesindel zu tun — sacre bleu," setzte er leise hinzu, „das ist meine Ansicht, wenn Sie es nicht vorziehen, wieder zurückzukehren und mich dabei als einen schlechten Führer, der ich trotz alledem nicht bin, binden zu lassen und als Gefangenen mitzunehmen."

„Was uns jetzt jedenfalls wenig nützen würde," erwiderte der Ulan. „Auch glaube ich an deine Ehrlichkeit, und die da drüben anbelangend, so teile ich deine Ansicht. Gewiß haben wir es mit einem gemeinschaftlichen scheußlichen Feinde zu tun."

„Den zusammenzuschießen jedenfalls ein gutes Werk wäre! Aber vorsichtig müssen wir sein, denn ich bin überzeugt, daß die meisten der Bande mit gutem Schießgewehr versehen sind. So

Laterne [la·'tɛrnə].

bitte ich, zwei Mann zu bestimmen, um mit mir eine Schleichpatrouille gegen den Feind zu machen. Man hat das ganz famos in Mexiko gegen die Guerilleros gelernt, und Ihre Leute hätten weiter nichts zu tun, als mir auf fünfzig Schritt Entfernung zu folgen, um mich im Fall notwendigen Zurückgehens, was ja auch möglich ist, aufnehmen zu können. Sehen Sie, mein Offizier, hier gleich vom Wege ab ziehen sich starke Stämme im Halbkreis bis zu der Lichtung da drüben, wo jene lagern. Ich werde ihnen vermittelst dieser Deckung so nahe als möglich auf den Leib rücken und nach Umständen schnell Feuer auf sie geben."

„Ganz gut erdacht bis dahin! Die beiden Mann, die ich dir mitgebe, unterstützen dich, und wenn jene Elenden vor- oder zurückgehen, so kommen wir Übrigen hier in den Rücken oder in die Flanken; Schade, daß ich nicht über Kavallerie zu verfügen habe, um ihnen nachsetzen zu können!"

Der französische Jäger, der, wie wir wissen, unbewaffnet war, wurde zum Karren beordert und erhielt die Weisung, langsam durch den Wald auf das freie Feld zurückzugehen und dann dort bis auf weiteres zu halten.

Mit einer katzenartigen Gewandtheit und wie ein Schatten dahingleitend, jede Deckung gut berechnend und benützend, drang der Zuave vor und diente dabei in seinen Bewegungen den beiden Infanteristen, die ihm auf vielleicht fünfzig Schritte Entfernung folgten, als vortreffliches Beispiel. In kurzer Zeit waren alle drei so nahe an die Lagernden gelangt, daß sie, besonders François, welcher die Bande, durch den dicken Stamm einer Eiche verdeckt, auf ziemlich kurze Entfernung beobachten konnte, aufs deutlichste sahen, daß man es in der Tat mit einem Rudel Schlachtfeldhyänen zu tun hatte, und daß diese Schändlichen gerade beschäftigt waren, ihre ruchlose Beute zu teilen und in mitgenommenen Tornistern und großen Pferdedecken zusammenzupacken.

Da krachte ein Schuß durch die stille Nacht — gleich darauf

famos [fɑ·ˈmoːs].
Mexiko [ˈmɛksi·koː].
Guerillero [ge·rilˈjeːroː].
elend [ˈˈeːlɛnt].
beobachten [bəˈˈoːbɑχtən].
Hyäne [hy·ˈɛːnə].

ein zweiter und dritter — einer der Kerle taumelte und stürzte kopfüber zu Boden, worauf die ganze Bande unter wildem Geschrei in die Höhe fuhr, zuerst auseinander stäubte, sich dann aber fluchend und drohend wieder zusammenscharte, um sogleich einige Schüsse nach der Richtung abzufeuern, wo man am Waldrande den Blitz des Pulvers gesehen hatte und fortwährend noch sah.

Das Pferd des Ulanenoffiziers stürzte zusammen und fast im gleichen Augenblicke fühlte der Zuave einen brennenden Schmerz an seiner Schulter, und als er darnach griff, sah er seine Finger voll Blut; doch war es glücklicherweise nur ein Streifschuß gewesen, der ihn an der Bewegung seines Armes nicht hinderte.

X.

Wie im Traume starrte er auf die Waldwiese hin, wo einzelne dunkle Gestalten lagen, auch ein Pferd, wie es ihm schien; und obgleich er beabsichtigte, dorthin zu gehen und sich den Schauplatz des stattgehabten Kampfes näher anzusehen, so fühlte er sich doch nicht dazu im Stande, ja er vermochte es nur, sich fortzubewegen, indem er sich von Baum zu Baum mit den Händen weiter tastete.

So kam er schwankend an den Weg, den er vorhin, gefolgt von den beiden Infanteristen, verlassen, und hier mußte er sich einen Augenblick niedersetzen, um mit zitternden Händen nach seiner Feldflasche zu langen, aus welcher ihn ein langer Zug so weit stärkte, daß er wieder aufzustehen und der Waldstraße zu folgen vermochte bis ans Ende derselben, wo er noch in nebelhaften Umrissen den Karren vor sich bemerkte — — dann sank er wieder um und sah nichts weiter mehr.

Als er nach einiger Zeit wieder zu sich kam und seine Augenlider, allerdings mit einiger Mühe, zu erheben vermochte, bemerkte er, daß der Jäger bei ihm stand, auch ein Mann in einer Blouse, der Peitsche nach, die er in der Hand trug, zu urteilen, der Führer des Karrens. Beide waren eben damit beschäftigt, ihn

kopfüber [kɔpf'y:bər]. beabsichtigen [bə''apziçtigən].
Pulver ['pulfər]. urteilen [''urtɑilən].

vermittelst Waschungen mit kaltem Wasser, sowie notdürftigem Verbinden seiner Armwunde aus seiner Bewußtlosigkeit zu erwecken, ihn auch durch Einflößung von Wein zu stärken, was ihnen so gut gelungen war, daß sich François nach einigen verunglückten Versuchen auf seinen Beinen erheben konnte.

„Und die andern?" fragte er, sich umschauend.

„Weiß der Teufel, wo sie geblieben sind!" sagte der Mann in der Blouse. „Dem immer dumpfer werdenden Ton der Schüsse nach zu urteilen, müssen sie sich nach St. Menges oder Fleigneux hingezogen haben, während mein Pferd und Karren sehr unnötigerweise schon über eine Stunde da draußen vergebens hält. Da wir nun aber, Gott sei Dank, doch wieder ganz unter uns sind, wäre es das Beste, den Preußen auf das Feld hinzuwerfen und dem andern das Maul zu stopfen."

„Wer ist der andere?" fragte der Zuave.

„Nun, einer der Infanteristen, der Euch gefolgt war, und sich schon vor einer halben Stunde mit einem recht netten Schuß im Bein zu uns herausschleppte."

„So, so," erwiderte François, „nun ich will dir etwas sagen: Statt dem andern das Maul zu stopfen, wird es für dich von großem Nutzen sein, dein Maul zu halten, falls du es nicht vorziehst, meinen Gewehrkolben zu fühlen; wenn du vielleicht zweifelst, ob ich wieder kräftig genug dazu bin, so will ich dich zur Probe schütteln, daß dir Hören und Sehen vergeht, und nun vorwärts!"

Damit hatte er sein Gewehr wieder aufgenommen und schritt so rüstig gegen den Karren hin, als wenn er soeben aus einem gesunden, stundenlangen Schlafe erwacht wäre.

„Ich wußte es wohl, daß da nichts zu machen sein wird," flüsterte der Jäger dem Fuhrmann zu. „Warten wir auf eine günstigere Gelegenheit!"

Der verwundete Husarenoffizier, den die Ruhe auf dem guten weichen Lager wunderbar gestärkt hatte forschte begierig nach dem

Bewußtlosigkeit [bəˈvustloːziçkait]. Probe [ˈproːbə].
verunglückt [fɛrˈunglykt].

Resultat des Schießens, das er vernommen, und schien nicht zufrieden mit dem Ausgang des Kampfes, ging aber nach einigem Beratschlagen doch auf die Idee des Zuaven ein, nicht länger hier in der kühler werdenden Morgenluft zu halten, sondern weiter zu ziehen, um in einem benachbarten Meierhofe, den François kannte, für einige Stunden ein Obdach zu suchen.

„Ich trage wahrhaftig nicht die Schuld, mein Offizier," sagte er dabei, „daß Ihre Kameraden trotz meiner Warnung sich fortreißen ließen, jenes Gesindel länger zu verfolgen, als gerade notwendig war, wäre auch sicher mitgegangen, wenn nicht der Schuß hier meinen Oberarm getroffen und ich dadurch mehr Blut verloren hätte, als mir lieb und nützlich war."

Dann lud er mit Hilfe der andern den verwundeten Infanteristen, der kaum mehr zu gehen vermochte, ebenfalls auf das Fahrzeug und brachte ihn dort neben dem Husarenoffizier so gut als möglich unter. Dann steckte er eine frische Patrone in sein Chassepotgewehr, schulterte dasselbe mit der linken Hand und folgte dem Fahrzeuge, das sich nun in nordöstlicher Richtung fortbewegte, dem schon lichter werdenden Morgenhimmel entgegen.

XI.

Lassen wir die blutigen Schlachtfelder, von deren Schrecknissen wir genug gesehen und gehört, hinter Illy und La Chapelle im Rücken und vertiefen uns an dem schönen Herbsttage in den Schatten des Ardennenwaldes, wandeln wir dahin unter mächtigen Bäumen in prachtvoll bunter Färbung, überschreiten Wiesentäler mit murmelndem Wasser und malerischen Schluchten, und fühlen nach all' dem Schauder und Entsetzen der letzten Tage so recht wieder die volle Wahrheit des dichterischen Wortes:

„Die Welt ist vollkommen überall,
Wo der Mensch nicht hinkommt mit seiner Qual!"

Resultat [re·zul'tɑ:t].
Idee ['i·'de:].
benachbart [bə'nɑxbɑ:rt].
Obdach [''opdɑx].
Patrone [pɑ·'tro:nə].
Chassepotgewehr [ʃɑsə'po:gəve:r].

Dieses Wort drängt sich uns förmlich auf, wenn wir mitunter von Waldeshöhen herab in weiter Ferne breite Wege und Landstraßen sehen, häufig bedeckt mit flüchtigen französischen Truppenteilen, mit Kranken und Maroden, die so rasch, als es ihre Kräfte erlauben, der nahen Grenze zueilen. Wir wollen ihnen nicht begegnen, noch ihren Pfad durchkreuzen und folgen lieber einem schnurgeraden Waldwege, der uns auf einen runden Platz führt, von dem gleiche schattige Gänge unter majestätischen Bäumen strahlenförmig nach sechs verschiedenen Richtungen führen, und wo wir am Ende eines dieser Jagd- und Wildpfade ein Schloß vor uns liegen sehen mit altersgrauem, etwas düsterem Mauerwerk und von starken Türmen flankiert.

Da es aber während unseres langen Spazierganges Abend geworden ist, so dringt ein letzter Strahl der scheidenden Sonne durch eine dieser geraden Waldalleen, sie mit einem Strom von goldenem Glanz erfüllend, bis an das alte Schloß, und läßt die großen Fenster desselben hell aufleuchten.

Unter diesen Gedanken haben wir das alte Schloß erreicht, und obgleich es von einem tiefen Wassergraben umgeben und die Zugbrücke über denselben aufgezogen ist, jenseits derselben aber sich ein schwer mit Eisen beschlagenes Tor befindet, so hält alles das unsere Phantasie nicht ab einzudringen und zu schildern, was wir hinter Zugbrücke, Tor und Mauer gesehen.

Nahe beim lodernden Feuer, im traulichen Kaminwinkel, saß ein sehr alter Herr von würdevollem, vornehmen Äußeren auf einem hohen Lehnstuhle mit gefalteten Händen, und ließ den Kopf so tief auf die Brust herabhängen, daß man deutlich sah, er halte eben eine kleine Siesta. Er ließ sich darin auch durchaus nicht stören durch das ziemlich laute Sprechen einiger andern Personen, die teils vor dem Kaminfeuer standen, teils sich in der Nähe desselben niedergelassen hatten.

majestätisch [mɑˑjɛsˈtɛːtiʃ].
Jagd [jɑːkt].
Waldallee [ˈvaltˈɑˈleː].
Strom [ʃtroːm].
Phantasie [fantɑˑˈziː].
Kaminwinkel [kɑˈmiːnviŋkəl].
würdevoll [ˈvyrdəfol].
Siesta [ziˈɛstɑː].

Der alte Herr im Lehnstuhle war der Herzog von Rochambeau, der Vater des Marquis, und die jüngere Dame ihm gegenüber die Frau Gräfin Danterre, des Letzteren Tochter.

Diese erhob jetzt den Kopf etwas gegen Fräulein von Rochambeau und zeigte dabei ein bleiches Gesicht mit immerhin noch schönen, aber in Leiden und Schmerz verblaßten Gesichtszügen. Sie war Wittwe und hatte aus kurzer, aber gerade nicht sehr glücklicher Ehe einen einzigen Sohn, der sich bei der französischen Armee befand, von dem man in letzter Zeit nichts wußte und nur erfahren hatte, daß das Jägerregiment, bei dem er stand, an der Schlacht von Sedan teilgenommen und furchtbar gelitten hatte.

„Meine Liebe," sagte sie zu der älteren Dame, der Schwester des Schloßherrn, „der gute Doktor erfuhr nicht das Geringste von Henry, so große Mühe er sich auch gegeben, und was man ihm vom Regimente sagte, ist so gar traurig. Dasselbe hat nicht nur entsetzlich gelitten, sondern ist schon während der Schlacht zum großen Teil in Gefangenschaft geraten. O, mein armes Kind!"

„Man muß nicht gleich das Schlimmste denken," sagte der Marquis. „Nehmen wir an, daß mein Enkel gefangen wurde, so ist das immerhin ein hartes Schicksal, aber nichts, was zur Verzweiflung berechtigt, denn selbst die Deutschen werden heutzutage ihre Kriegsgefangenen nicht unmenschlich behandeln."

„Ich sah Haufen unserer armen Leute vorüberziehen," sagte Doktor Frommental in rauhem Tone, „und allerdings waren die meisten müde, erschöpft, marode, teilweise verwundet; doch gab man ihnen an Speise und Trank, was auch die andern bekamen, und verband ihre Wunden so gut als möglich, wobei auch ich hilfreiche Hand mitanlegte."

„Müde und erschöpft — teilweise verwundet," wiederholte

Herzog ['hertso:k].
Marquis [mar'ki:].
Gräfin ['grɛ:fin].
Doktor ['dɔktɔr, pl. dɔk'to:rən].
heutzutage ['hɔittsu'ta:gə].

die arme Frau, wobei Tränen in ihre Augen traten, „mein Kind — mein einziger Sohn, an dessen gutem, weichem Lager ich Nächte lang saß, wenn sein Atem etwas unruhiger ging als gewöhnlich, den ich mit tödlichem Schrecken betrachtete, wenn er mit einer leicht blutenden Schramme aus den Wäldern kam — mein Henry, auf der Landstraße dahingetrieben, vielleicht mit wunden Füßen, erschöpft — krank — — wenn er nicht schon — — Gott, mein Gott, ich werde noch wahnsinnig!"

XII.

Der Marquis ging zu seiner Tochter, küßte sie auf die Stirn und sagte ihr sanfte Worte so tröstlich, als er nur zu tun vermochte, wobei er hervorhob, daß Doktor Frommental auf der Stelle gewesen sei, wo jenes Jägerregiment so starke Verluste erlitten, daß er Zeit genug gehabt, mit einer französischen Ambulanz, die er dort getroffen, genaue Nachforschungen anzustellen, daß er nichts gefunden, daß er aber erfahren, es sei ein Teil des Regimentes mit General Vinoy gegen Mezières entkommen und vielleicht jetzt schon auf dem Wege nach Paris. „Wer weiß," setzte er hinzu, „ob sich Henry nicht wohl und gesund dabei befindet!"

Da rumpelte und dröhnte es auf der Zugbrücke, als zöge Kavallerie heran, oder als marschiere ein Pikett Infanterie über die Planken, da sah man in dem ungewissen Schein, den die Pechfackeln gegen das Tor hinauswarfen, bewaffnete Gestalten eilfertig nahen, da sah man preußische Pickelhauben leuchten.

Das war nun allerdings keine imposante, bewaffnete Macht, sondern nur ein elender, stark rumpelnder Karren, bespannt mit einem ermüdeten Pferde und geführt von einem Manne in blauer Blouse, der sich zur Kurzweil oder aus irgend einem andern Grunde

General [ge·nə'rɑ:l]. Pechfackel ['pɛçfakəl].
Pikett [pi·'kɛt]. imposant ['impo·'zɑnt].

eine preußische Pickelhaube aufgesetzt hatte. Voraus aber schritt ein riesenhafter Zuave, den Chassepot mit aufgepflanztem Yatagan in der Hand, der, obgleich verwundet — sein halbes Gesicht war mit getrocknetem Blute bedeckt — doch immerhin eine so ehrfurchtgebietende Erscheinung bot, daß sich die Nahestehenden scheu vor ihm zurückzogen, und daß jetzt ein schmächtiger junger Mensch in der Uniform der französischen Jäger Platz genug fand, um an ihm vorüber den Hof zu durchfliegen, die Freitreppe hinaufzueilen, um dort in die Arme einer laut aufschreienden schönen Frau zu sinken.

„François, Ihr seid es?" rief Doktor Frommental, indem er gegen den Zuaven eilte und dessen dargebotene linke Hand faßte und kräftig schüttelte.

„Ja, Herr Doktor, ich bin es und der junge Herr da oben ist es auch: er unverletzt, dem Himmel sei dafür gedankt, ich allerdings mit einer kleinen Schmarre über der Nase."

Der Arzt griff sogleich mit beiden Händen nach dem Gesichte des andern, doch wehrte dieser ab, indem er sagte: „Bei mir hat's keine Gefahr, Herr Doktor, aber da habe ich Ihnen ein Paar Verwundete mitgebracht, von denen der eine Ihrer Hilfe dringend bedarf, Feinde allerdings, aber immerhin Waffenbrüder, was ich Ihnen nachher ausführlich erzählen werde, sowie auch unsere kaum glaublich scheinende Rettung aus der Kriegsgefangenschaft."

Doktor Frommental wandte sich rasch gegen den Karren, auf welchem der eine der Verwundeten noch lang ausgestreckt lag, während der andere auf den Befehl des rasch herbeigeeilten Marquis von Rochambeau durch einige Bedienten bereits herabgehoben worden war.

Der Herzog selbst stieg mit der Gräfin, die ihren Sohn nicht aus den Armen lassen wollte, in den Schloßhof hinab.

„Beruhigen Sie sich, mein Kind," sagte der alte ehrwürdige Herr, "Sie befinden sich hier unter dem Schutze eines französischen Edelmanns aus guter alter Zeit."

Yatagan ['ja:ta·gan]. Arzt ['a:rtst].

Und dieses Schutzes erfreuten sich auch alle, die sich hier in dem Schlosse der Ardennen auf so wunderbare Art zusammengefunden hatten, die französischen Soldaten, indem sie ihr Gelage noch eine Zeitlang fortsetzen durften, und dann in einem der mächtigen Gewölbe zur Ruhe gebracht wurden, François bei der Dienerschaft, denen er seine wunderbaren Erlebnisse der letzten Tage erzählte, und der verwundete Husarenoffizier unter der Pflege des Doktor Frommental.

Ardennen ['ɑr'dɛnən]. Erlebnis ['ɛr'le:pnis].

Fragen.

I.

A. 1. An welchem Tage findet die Erzählung statt?
2. Womit waren die Straßen von Donchery erfüllt?
3. Was führte die Luftströmung nun herüber?
4. Was schwang der Offizier?
5. Woran hatte der Offizier ein weißes Tuch gebunden?
6. Warum drang man in die Häuser, wo die Verwundeten lagen?
7. Wie war der Anblick der Gefangenen?
8. Warum mußten die Gefangenen für lange Zeit Halt machen?
9. Wodurch war die Straße zum Tor gesperrt?
10. Was bemerkte man beim Schein der Wachtfeuer?
11. Was hatte der Zuave statt des Fes um seinen Kopf gewickelt?
12. Welche Teile seines Körpers hatte das ausgeflossene Blut gefärbt?
13. Wohin gelangte der Zuave in kurzer Zeit?
14. Wer saß auf der Steintreppe eines Hauses?
15. Womit stieß der Zuave den Jäger an?

B. 1. Was ist das Gegenteil von: zufällig, sich erinnern, melodisch, gewaltig, Eingang, langsam, die Äußersten, die unterste?
2. Was ist das Synonym zu: geräuschvoll, eilen, undeutlich, sicherlich, bedeuten, Klang, allerdings, beginnen, schreien?
3. Drücke anders aus: Halt machen, für längere Zeit, ein zusammengebrochener Wagen, ein langer von der Stirne bis über die Wange hinabreichender Säbelhieb, in kurzem.

II.

A. 1. Warum erhob der Jäger den Kopf aufs neue?
2. Was für Augen hatte er?
3. Was tat der Zuave, ehe er etwas sprach?
4. Wohin glitt er nieder?
5. Neben wen setzte er sich?
6. Gegen welche Stadt sollten die Gefangenen in der Nacht geführt werden?
7. Wurden sie auch weiter nach Deutschland geführt?
8. Wessen Trauer verstand der Zuave wohl?
9. Wodurch war der Jäger verwundet?
10. An welchem Körperteile war er verwundet?
11. Warum konnte er sich kaum von der Treppe erheben?
12. Worauf wollte der Zuave ihn nehmen?
13. Wollte der Jäger dem Zuaven folgen?
14. Welches Haus in Donchery war ihnen günstig?
15. Was hatte der Jäger zu tun, wenn der Zuave ihn an der Schulter packte?

B. 1. Was ist das Gegenteil von: tief, leise, traurig, finden, Recht, Freiheit, möglich, häufig?
2. Was ist das Synonym zu: freudig, ehe, hauchen, nieder, endlich?
3. Gib andere Wörter für: aufs neue, auf eine freudige Art, ein paar tausend Mann, der Kriegsgefangene, willenlos.

III.

A. 1. Wohin ging die Kolonne?
2. An welcher Seite der Straße hielt sich der Jäger?
3. Wie weit entfernt war der Torweg von dem Hause?
4. Warum war kein Entrinnen auf der Straße nach Beaumont mehr möglich?

A. 5. Warum eilten die Landwehrleute rasch vorwärts?
6. Warum kamen ihnen die leeren Granatwagen im Trab entgegen?
7. Was tut nun der Zuave, um den Jäger zu retten?
8. Wen sahen die Gefährten beim Lichtschein des Stalles?
9. Was machte der Ulan an den Türpfosten?
10. Wo sah man undeutliche Gestalten?
11. An welcher Seite der Straße befand sich die Mauer, an welcher der Zuave den Jäger emporhob?
12. Worauf fiel der Jäger glücklicherweise?
13. Folgte ihm der Zuave?
14. Was hörte der Jäger, als der Zuave sich auf der Mauer befand?
15. Wessen Gestalt stürzte wie leblos zu seinen Füßen?

B. 1. Was ist das Gegenteil von: müde, Dunkelheit, hell, vorwärts, leer, schwächer, minder, leicht, öde?
2. Was ist das Synonym zu: ungestüm, zahlreich, erreichen, zuweilen, Gefährte, behende?
3. Drücke anders aus: in der Nähe, ins Freie, im Trab, mit einem Male, regungslos, vor der Hand, zu gleicher Zeit, gedankenvoll, glücklicherweise.

IV.

A. 1. Mit welchem Ausdruck hatte sich der Jäger auf die Knie niedergeworfen?
2. Warum tastete der Jäger an dem Körper des Zuaven umher?
3. Wohin griff François einigemal mit der Hand?
4. Wann sprach der Jäger den Namen seines Gefährten freudig aus?
5. Was schwebte dem Zuaven vor?
6. Fand er Blut an seinem Schädel?

A. 7. Was hatte die Kugel von der Mauer abgelöst?
8. Von welchem Flusse wurde das Ende der Mauer begrenzt?
9. Was für ein Weg war am Ufer der Maas?
10. Wohin wollten die Flüchtlinge gehen?
11. Was für eine Fläche trennte die Gefährten von dem Hohlweg?
12. Welches Tier hatte den Rand erreicht, als die beiden im tiefen Dunkel des Hohlwegs verschwunden waren?
13. Was dachte der Zuave gleich darauf?
14. Hatte er Gewehr und Tornister?
15. Warum mußten sie tüchtig ausschreiten?

B. 1. Was ist das Gegenteil von: entdecken, leichter, mühsam, schlecht, schmal, vorwärts?
2. Was ist das Synonym zu: einigemal, öffnen, eigentlich, betrachten, bißchen, duselig, Chance, lebhaft?
3. Gib andere Wörter für: den Versuch machen, nach einigem Besinnen, am diesseitigen Ufer, ohne Wichtigkeit.

V.

A. 1. Wessen Schulter berührte der Zuave?
2. Wohin zeigte er mit der Hand?
3. Wessen Schatten erschienen an der Wand des Hohlwegs?
4. Woran konnte man die preußische Pickelhaube erkennen?
5. Was für Worte vernahmen die Flüchtlinge?
6. Was machte der Zuave, als die Schatten gänzlich verschwunden waren?
7. Was fand er nach einigem Überlegen für rätlich?
8. Was bemerkte er, als er im Begriff war, sich auf den Rand zu schwingen?
9. Warum hatten die Infanterieposten Kehrt gemacht?

A. 10. Wohin flog der Jäger, als François „Laufen Sie“ hervorstieß?

11. Wie viele Schritte hatte François gemacht, als ein paar Schüsse hinter ihm krachten?

12. Was bewirkte das vorbeizischende Blei?

13. Wem schien die kurze Ruhe merkwürdige Kräfte verliehen zu haben?

14. Weshalb vermochte François seinem Gefährten kaum zu folgen?

15. Wie tröstete der Zuave seinen Begleiter über die Gefahr?

B. 1. Was ist das Gegenteil von: aufwärts, erscheinen, rückwärts, rasch, tief?

2. Was ist das Synonym zu: vernehmen, rätlich, schmächtig, matt, zugleich, vernehmlich?

3. Drücke anders aus: Flüchtling, nach einigem Überlegen, gewissermaßen, Kehrt machen, mühsam.

VI.

A. 1. Wodurch vermieden die Gefährten jede Ortschaft?

2. Was hörten sie?

3. Was sahen sie?

4. Wovon war das Dörfchen Illy überragt?

5. Wessen Stiefel faßte etwas an?

6. Was fand François, als er sich hinabbückte?

7. Wessen Attila war von Blut überströmt?

8. Was für ein Gesicht hatte der Husarenoffizier?

9. Was spürte François, als er sich hinabbeugte?

10. Was wollte François dem Offizier tun?

11. Wer sagte das Wort „Durst“?

12. Gab François dem Offizier Wasser?

13. War der Offizier in die Hände braver Leute gefallen?

14. Wie schien sein Fuß zu sein?

15. Was fühlte François bei dem, was er nachdem sah?

B. 1. Was ist das Gegenteil von: sorgfältig, schlimm, dicht, Schmerz, laut, hinablaufen?
2. Was ist das Synonym zu: horchen, deutlich, fahl, behaglich, verursachen, mühsam, verletzt, probieren, leblos?
3. Drücke anders aus: eine Zeitlang, ein Haufe von allerlei ehemals Lebendigem, es hilft nichts, stundenlang, es ist vergeblich, Leiden Sie sehr? mit einem Male.

VII.

A. 1. Was sah François?
2. War der Jäger der einzige Sohn seiner Herrschaft?
3. Wer rief „Halt da"?
4. Womit schlug der Offizier das Bajonnett?
5. Wem versprach er, daß den Kerlen ihr Recht werden sollte?
6. Vor wem parierte er sein Pferd?
7. Wie murrten die Soldaten?
8. Von wem fühlte sich François gepackt?
9. Was schnürten die Soldaten um seine Handgelenke?
10. Mit wem beschäftigte sich der Ulanenoffizier?
11. Hatten die Soldaten Recht, die Flüchtlinge als Räuber zu behandeln?
12. Was tat der Verwundete beim Erkennen der deutschen Uniform?
13. Wie bestätigte der Verwundete die Rede des Zuaven?
14. Wem verdankte er das Leben?
15. Was für ein Trunk hatte ihn zum Bewußtsein zurückgebracht?

B. 1. Was ist das Gegenteil von: kalt, laut, besser, kräftig, etwas, Stärkung?

B. 2. Was ist das Synonym zu: kraftlos, berühren, spüren, entdecken, sogleich, aufschlagen, geschehen, ausdrucksvoll?

3. Drücke anders aus: eine befehlende Stimme, ohne weiteres, zu gleicher Zeit, trotz alledem, augenblicklich, achselzucken, Schutzpatron, einen tiefen Atemzug tun, im Stande sein.

VIII.

A. 1. Wessen Befehl wurde augenblicklich Folge geleistet?

2. Zu wem war der Ulanenoffizier wieder getreten?

3. Wie gut kannte der Zuave den Weg?

4. Wo wurde an jenem Tage die Schlacht gekämpft?

5. Warum wurden die Flüchtlinge gefangen?

6. Wem versprach der Offizier, mit oder ohne Hilfe zurückzukommen?

7. Wann lagerten sich die Infanteristen?

8. Was hatte der Jäger gleich wieder gemacht?

9. Weshalb kam der Ulanenoffizier in scharfem Trab?

10. Von wem wurde der Karren geführt?

11. Was für ein Karren war es?

12. Warum ersuchte der Zuave, Halt zu machen?

13. Welche Vorsicht gebrauchte der Ulanenoffizier?

14. Was geschah, als man aus dem Walde herausgekommen war?

15. Was glaubte der Zuave, mit Gewißheit versichern zu können, als er wieder zurückkam?

B. 1. Was ist das Gegenteil von: Sicherheit, finden, tief, folgen, dunkel, angenehm, weich, sorgsam?

2. Was ist das Synonym zu: erschöpft, Botschaft, notdürftig, anfänglich, gräßlich, heftig, stets?

3. Drücke anders aus: aufs bereitwilligste, in der Nähe von Donchery, mitleidigerweise, in allen Fällen, etwas Dunkles, in scharfem Trab, Halt machen, mit Gewißheit.

IX.

A. 1. Was hielt der Zuave für notwendig?
2. Mit welchem Feinde hatten sie es zu tun?
3. Womit waren die meisten der Bande versehen?
4. Wozu bat der Zuave, zwei Mann zu bestimmen?
5. Worüber hatte der Ulanenoffizier nicht zu verfügen?
6. Wohin wurde der Jäger beordert?
7. Wie drang der Zuave vor?
8. Wodurch war er verdeckt?
9. Womit waren die Schändlichen gerade beschäftigt?
10. Wie viele Schüsse krachten durch die stille Nacht?
11. Wohin stürzte einer der Kerle?
12. Was machte die ganze Bande zuerst?
13. Wessen Pferd stürzte zusammen?
14. Was für einen Schmerz fühlte der Zuave an seiner Schulter?
15. Hinderte ihn der Streifschuß an der Bewegung seines Armes?

B. 1. Was ist das Gegenteil von: böse, Rücken, dick, verdecken, Schmerz, hindern?
2. Was ist das Synonym zu: rücken, fassen, verwegen, vorziehen, Weisung, Gewandtheit, beobachten?
3. Drücke anders aus: notwendig sein, vorsichtig, katzenartig, in der Tat.

X.

A. 1. Wie starrte François auf die Waldwiese hin?
2. War er im Stande, nach dem Schauplatze des Kampfes zu gehen?
3. Warum mußte er sich einen Augenblick niedersetzen?

A. 4. Wie bemerkte er den Karren vor sich?
5. Wer stand bei ihm, als er wieder zu sich kam?
6. Wohin waren die andern gezogen?
7. Was dachte der Führer des Karrens, wäre nun das Beste zu tun?
8. Was erwiderte François?
9. Wie rüstig schritt er gegen den Karren hin?
10. Wonach forschte der Husarenoffizier begierig?
11. Womit war er nicht zufrieden?
12. Wie wurde die Morgenluft?
13. Warum hatte François das Gesindel nicht verfolgt?
14. Mit wessen Hilfe lud er den verwundeten Infanteristen auf das Fahrzeug?
15. Wohin bewegte sich nun das Fahrzeug fort?

B. 1. Was ist das Gegenteil von: näher, kräftig, kühler, lieb, frisch, lichter, verlassen, nordöstlich, besser?
2. Was ist das Synonym zu: Maul, erwidern, Ausgang, Idee, tasten, begierig, zufrieden?
3. Drücke anders aus: sich fortbewegen, unnötigerweise, vergebens, ein stundenlanger Schlaf, die kühler werdende Morgenluft.

XI.

A. 1. Womit waren die Wege und Landstraßen bedeckt?
2. Wohin eilten die Kranken und Maroden?
3. Was für ein Schloß sehen wir vor uns liegen?
4. Womit war das alte Schloß umgeben?
5. Was befindet sich jenseits der Zugbrücke?
6. Wo saß der alte Herr?
7. Wo standen einige andere Personen?
8. Wessen Vater war der Herzog von Rochambeau?

A. 9. Wer befand sich bei der französischen Armee?
10. Von wem erfuhr der Doktor nicht das Geringste?
11. Wie hatte das Jägerregiment gelitten?
12. Wessen Enkel war der Jäger?
13. Was sah Doktor Frommental?
14. Wie waren die meisten der Leute, die der Doktor gesehen hatte?
15. Wann hatte die Mutter an dem Lager ihres einzigen Sohnes gesessen?

B. 1. Was ist das Gegenteil von: schön, breit, häufig, bleich, traurig, wahnsinnig?
2. Was ist das Synonym zu: hilfreich, betrachten, matt, bemerken, vernehmen, rasch?
3. Drücke anders aus: strahlenförmig, teilweise, mit Trost, Überlegen.

XII.

A. 1. Wem sagte der Marquis sanfte Worte?
2. Wer war auf der Stelle gewesen, wo das Jägerregiment starke Verluste erlitten hatte?
3. Mit wem war ein Teil des Regiments gegen Mezières entkommen?
4. Wie rumpelte und dröhnte es da auf der Zugbrücke?
5. Was sah man in dem ungewissen Schein?
6. Was für ein Karren wurde von einem Manne in blauer Blouse geführt?
7. Wessen Gesicht war mit getrocknetem Blut gedeckt?
8. Welcher Mensch durchflog den Hof?
9. Warum eilte der Jäger die Freitreppe hinauf?
10. Was rief Doktor Frommental?
11. Wer bedarf dringend der Hilfe des Doktors?

A. 12. Wohin wandte sich Doktor Frommental?
13. Wen wollte die Gräfin nicht aus den Armen lassen?
14. Wo befanden sich die Verwundeten?
15. Wem erzählte François seine wunderbaren Erlebnisse?

B. 1. Was ist das Gegenteil von: sanft, sinken, über, Rettung?
2. Was ist das Synonym zu: erfahren, riesenhaft?
3. Drücke anders aus: zur Kurzweil, die Nahestehenden, ausführlich, ehrwürdig.

Grammatische Aufgaben.

I.

1. Wie heißt der Plural von: (1) der Platz, (2) das Hornsignal, (3) die Regimentsmusik, (4) der Akkord, (5) die Stadt, (6) der Husar, (7) der Kamerad, (8) der Freund, (9) der Gefangene, (10) der Finger, (11) der Gedanke, (12) die Gestalt?

2. Gib dem Artikel den richtigen Kasus: (1) Ein Offizier schwingt d— Säbel. (2) So gelangte er an d— Steintreppe ein— Hauses. (3) Am Ende ein— solchen Kolonne bemerkte man d— Gestalt ein— Zuaven. (4) Diese Gestalt stieß er mit d— Knie an. (5) D— dichtgedrängten Reihen füllten d— spärlichen Raum aus. (6) Er befand sich in d— kleinen Städtchen Donchery. (7) D— Husaren sprengten über d— Pflaster daher. (8) Man drang in d— Häuser. (9) Wahrhaft kläglich war d— Anblick d— Gefangenen. (10) Er hatte statt d— Fes ein weißes Tuch um d— Kopf gewickelt.

3. Dekliniere im Singular und im Plural: (1) das kleine Städtchen, (2) dieser Ort, (3) ein leichtes Hornsignal, (4) der melodische Klang, (5) ein weißes Tuch, (6) der spärliche Raum, (7) schwarzes Haar.

4. Setze folgende Sätze in den Plural: (1) Er hatte daran ein weißes Tuch gebunden. (2) Der Kaiser ist gefangen. (3) Wahrhaft kläglich war der Anblick des Gefangenen. (4) Die dichtgedrängte Reihe füllte den spärlichen Raum aus. (5) Der Äußerste wurde an das Haus gepreßt. (6) Wenn er auch zuweilen mit seinem Finger an die Wunde fühlte, so schien er sich doch nicht viel daraus zu machen.

5. Erkläre folgende zusammengesetzte Nomina (Beisp. Die Mutterliebe ist die Liebe einer (der) Mutter): (1) der Schlachttag, (2) die Luftströmung, (3) das Hornsignal, (4) der Marktplatz, (5) der Augenblick, (6) das Wachtfeuer.

II.

1. Setze für den Strich den richtigen Kasus des Personalpronomens: (1) Der Zuave sprach ein leises Wort zu —. (2) Wissen — wohl, daß — hier in Donchery sind? (3) Die Soldaten standen nicht zu nahe bei —. (4) Wollen — — folgen? (5) — will — folgen. (6) Das Haus ist — besonders günstig. (7) Gott lohn' es —!

2. Konjugiere im Präsens und im Präterit: (1) den Kopf erheben, (2) ein leises Wort sprechen, (3) den Zuaven erkennen, (4) bei ihnen stehen, (5) durch ein paar tausend Mann dringen, (6) sich erinnern, (7) den Jäger auf den Rücken nehmen, (8) ich muß mich umschauen.

3. Stelle das Adverbiale an die Spitze des Satzes: (1) Der Jäger richtete sich langsam mit einem tiefen Seufzer auf. (2) Er setzte sich neben den Jäger. (3) Er erhob den Kopf aufs neue. (4) Der andere nickte mit dem Kopfe. (5) Die preußischen Soldaten standen nicht zu nahe bei ihnen. (6) Wir werden wirklich gegen Beaumont geführt. (7) Ich kann mich kaum von dieser Treppe erheben.

4. Füge einen Nebensatz an den Hauptsatz hinzu: (1) Es war ein junges Antlitz, das —. (2) Plötzlich erhob er den Kopf aufs neue, als —. (3) Er blickte aufmerksam rings umher, ehe —. (4) Er bemerkte, daß —. (5) Jeder Kriegsgefangene hat das Recht sich in Freiheit zu setzen, wenn —. (6) Ich bin so müde, daß —. (7) Hören Sie also, was —.

5. (1) Bilde abgeleitete Nomina aus: jagen, seufzen, begleiten, frei, umhüllen. (2) Bilde abgeleitete Adjektive aus: Knaben, Trauer, Freude, mögen, Gunst.

III.

1. Wie heißt der Singular von: die Gestalten, die Landwehrleute, die Häuserreihen, die Schritte, die Mauern, die Granatwagen, die Minuten, die Türpfosten, die Schüsse, die Füße?

2. Gib dem attributiven Adjektiv die richtige Endung: (1) Kurz— Zeit darauf setzte sich die Kolonne wieder in Bewegung. (2) Der Jäger hielt sich an der recht— Seite der Straße. (3) Im hell— Mondlicht war kein Entrinnen mehr möglich. (4) Es war nur eine Kolonne leer—Granatwagen. (5) Im nächst— Augenblick rollte er auf der ander— Seite hinab. (6) Vor der Hand gerettet, aber hier in nicht minder— Gefahr! (7) Zuweilen sah man am Ende der lang— Mauern undeutlich— Gestalten. (8) Er fiel auf weich— Gartenland.

3. (*a*) Setze an die Stelle des substantivischen Subjekts ein Personalpronomen: (1) Kurze Zeit darauf setzte sich die Kolonne wieder in Bewegung. (2) Die Landwehrleute eilten rasch vorwärts. (3) In diesem Augenblick fühlte sich der Jäger an der Schulter gefaßt. (4) Regungslos standen hier beide einige Minuten.

(*b*) Setze an die Stelle des pronominalen Subjekts ein Substantiv: (1) Sie verlassen den Marktplatz. (2) Jetzt kamen sie in die Nähe. (3) Damit beugte er sich ein wenig auf die Seite. (4) Kamen sie oder gingen sie?

4. Gib den prädikativen Wörtern die richtigen Endungen wo nötig: (1) Das war ein— wunderbar—, unvergeßlich— Augenblick—. (2) Der Anblick der Gefangenen war kläglich—. (3) Es war ein— jung—, müde—, fast knabenhaft— Antlitz—. (4) Beides wurde immer schwächer—.

5. Gebrauche in folgenden Sätzen abgeleitete Verben mit den Vorsilben be—, er—, oder ver—: (1) Sie (lassen) den Marktplatz. (2) Beides (sterben) in dem Sausen. (3) Der Jäger (folgen) den Befehl. (4) Er sah einen von den Ulanen (scheinen). (5) Die breite Hand (schließen) seinen Mund. (6) Gleich darauf (schwinden) er im Stall. (7) Sein Blut (starren).

IV.

1. Setze das Demonstrativpronomen in den richtigen Kasus: (1) (Dies—) öffnete weit die Augen. (2) (D—) ist schon lange her. (3) (D— s—) wurde von der Maas begrenzt. (4) Die beiden waren im tiefen Dunkel (derselbe) verschwunden. (5) (D—) wollen wir uns anvertrauen. (6) (D—) dort drüben an ihren Feuern sind nicht blind.

2. Setze statt des Präsens (*a*) das Perfekt, (*b*) das Plusquamperfekt: (1) Der Jäger wirft sich auf die Knie wieder. (2) Warum schlafe ich denn hier ein? (3) Wie kommt das? (4) Die Kugel löst einen Stein von der Mauer ab und schleudert ihn mir an den Kopf. (5) Dann erreichen sie das Ende der Mauer. (6) Bis jetzt kommen wir gut durch. (7) Die beiden verschwinden im tiefen Dunkel. (8) François folgt ihm behende.

3. Ergänze das Objekt des Verbs im richtigen Kasus: (1) Der Zuave machte (der Versuch), sich aufzurichten. (2) Wir wollen uns (der Hohlweg) anvertrauen. (3) Er wird sich (das geräuschvolle Leben und Treiben) erinnern. (4) Wollen Sie (Ich) folgen? (5) Es war eine Kolonne, die (sie) im Trabe entgegenkam. (6) Ein weißes Tuch diente (er) als Verband. (7) Man drückte (Jeder) die Hand.

4. Ergänze nach der Präposition den betreffenden Kasus: (1) Mit (der Ausdruck) des Entsetzens in (die bleichen Züge) hatte sich der Jäger neben (der Dahingestürzte) auf (die Knie) niedergeworfen. (2) Während wir über (diese Mauer) sprangen, schoß man hinter (Ihr) drein, worauf Ihr hier zu (meine Füße) niederfielt. (3) Eine kleine Strecke aufwärts (der Fluß) ist ein Hohlweg. (4) Die Kugel hat einen Stein von (die Mauer) abgelöst und mir an (der Kopf) geschleudert. (5) Sobald sie längs (die Stadt) vorüber waren, sahen sie auch an (das diesseitige Ufer) dicht neben (s—) das Leuchten der Wachtfeuer.

5. (*a*) Nenne das Verb zu: Atem, Trab, Grenze, Stütze, offen. (*b*) Nenne das Nomen zu: ziehen, leben, fließen, nah, flach.

V.

1. Setze die Nomina in den Singular und mache andere notwendige Änderungen: (1) Dann vernahmen die Flüchtlinge auch Worte, welche über ihren Häuptern gesprochen wurden. (2) Die Franzosen hatten noch nicht hundert Schritte gemacht, als ein paar Schüsse hinter ihnen krachten. (3) In kurzem erreichen die Gefährten die heutigen Schlachtfelder.

2. Setze für den Strich das richtige Possessivadjektiv: (1) Den Plan teilte er — jungen Gefährten mit. (2) Er nahm — Mantel wieder auf die Schulter. (3) François hielt es für rätlich, — Begleiter voraus aufwärts klettern zu lassen. (4) Das Blei beschleunigte noch — Lauf. (5) François reichte — Begleiter die Hand.

3. Ergänze den Infinitiv mit **zu**

(*a*) als Objekt: (1) Er bedeutete dem jungen Jäger mit der Hand, —. (2) Er fand es für rätlich, —. (3) Die stille Gesellschaft wird uns anstarren, ohne —.

(*b*) als Prädikatwort: (1) Die kurze Ruhe schien —. (2) Was sich da allenfalls herumtreibt, ist —.

(*c*) als Attribut: Er war eben im Begriff, —.

(*d*) als Adverbiale: (1) Die beiden preußischen Infanterieposten hatten Kehrt gemacht, —. (2) Dann war auch der Zuave mit einem raschen Satze oben, —.

4. Füge attributive Adjektive, Numeralien oder Partizipien hinzu: (1) Er berührte leicht die Schulter des — Mannes. (2) Er zeigte mit der Hand an die — Wand. (3) Wir bleiben bei meinem vorhin — Plane. (4) Der —, — Himmel wurde von einer — Glut angestrahlt. (5) Die — preußischen Infanterieposten hatten Kehrt gemacht. (6) Er hatte aber noch nicht — Schritte gemacht. (7) Das ihm dicht am Kopfe — Blei beschleunigte seinen Lauf.

5. Von welchen Wortarten sind folgende zusammengesetzte Adverbien gebildet (Beispiel: **zuweilen** ist von der Präposition **zu** und dem Substantiv **Weile** gebildet): Aufwärts, jedenfalls, gewissermaßen, rückwärts, ebenfalls, wenngleich, allenfalls?

VI.

1. Füge das fehlende Relativpronomen hinzu: (1) Doch ist das nur das Stöhnen eines armen Pferdes, — am Verenden ist. (2) Sie sahen bald das Dörfchen Illy von einer Rauchwolke überragt, — sich hoch emporhob. (3) Es war dies ein preußischer Husarenoffizier, — reich verschnürter Attila von Blut überströmt war. (4) Sein Arm mußte es gewesen sein, — den Jäger berührte, sowie seine Hand, — Finger sich leicht bewegten. (5) Dabei mochte der Schmerz, — dies dem Verwundeten verursacht, sein Bewußtsein zurückgeführt haben. (6) Sie dürfen alles Gute hoffen, mein Offizier, — uns nämlich anbelangt. (7) Er fühlte bei dem, — er sah, wie sich sein Haar emporsträubte.

2. Setze das eingeklammerte Verb in die richtige Form: (1) Wir (müssen) darüber hinwegschreiten. (2) (Sollen) hier noch was Lebendiges sein. (3) Ich (wollen) ihm die Füße unter seinem Pferde hervorziehen. (4) So (können) er wenigstens behaglicher sterben. (5) Ich (dürfen) hoffen —. (6) Dabei (mögen) der Schmerz sein Bewußtsein zurückgeführt haben. (7) Sein Arm (müssen) es gewesen sein.

3. Ergänze das attributive Nomen oder die Apposition: (1) Jetzt sehen sie deutlich ein paar zerschossene —. (2) Sie sahen bald das Dörfchen —. (3) Es liegt jetzt auf der Spitze meines —. (4) Nach diesen Worten richtete er den Oberkörper des — auf. (5) Es tut sich wohl auch ein Tröpfchen —. (6) So bin ich also in die Hände braver — gefallen. (7) Er hing wie leblos in den Armen des —.

4. Ergänze das fehlende Adjektiv und achte auf den Anfangsbuchstaben: (1) Doch ist das nichts —. (2) Sie sahen dabei einen Haufen von allerlei ehemals —. (3) Sollte hier noch etwas — sein. (4) Ich darf alles — hoffen.

5. Leite Adjektive ab von: Sorgfalt, Verdacht, Preußen, Franzose, Form, Mensch, Jugend, Behagen, Sicht, Name.

VII.

1. Gib dem schwachen Nomen die richtige Endung: (1) Er sah, wie das Bajonnett zum Stoße gegen die Brust des jungen Graf— ausholte. (2) Dann sah er einen Offizier gegen die Infanterist— ansprengen. (3) Er parierte sein Pferd dicht vor dem Zuave—. (4) Die Soldat— murrten ziemlich laut. (5) Er warf die Lippe— unter einem traurigen Lächeln auf. (6) Der Ulanenoffizier beschäftigte sich mit seinem Kamerad—.

2. Ergänze das fehlende Adjektiv: (1) Er sah seinen — Begleiter kraftlos unter den Fäusten einiger — Infanteristen zusammenbrechen. (2) Er fühlte es kaum, wie die — Spitze eines Eisens seinen eigenen — Hals berührte. (3) Da hörte er eine — Stimme, die ein — „Halt da" rief. (4) Der Offizier befahl ihm, den scheinbar — Körper des Husarenoffiziers auf den Boden niederzulegen. (5) François fühlte sich von ein paar — Fäusten gepackt. (6) Er entdeckte keine — Verletzung. (7) Der Verwundete tat einen — Atemzug. (8) Es zeigte sich etwas wie ein — Lächeln beim Erkennen der — Uniform.

3. Verwandle folgende Aussagesätze in Befehlssätze, zuerst im Singular und dann im Plural: (1) Ihr bindet die Kerle. (2) Ihr laßt ihn sprechen. (3) Ihr fragt den Offizier. (4) Ihr nehmt meine Feldflasche. (5) Ihr setzt sie ihm an den Mund. (6) Ihr löst ihm die Bande.

4. Verwandle folgende Aussagesätze in Fragesätze: (1) Der Zuave sah seinen Begleiter. (2) Dann warf er sein Pferd herum. (3) In diesem Augenblicke fühlte sich François von ein paar Fäusten gepackt. (4) Die Toten können nicht mehr reden. (5) Der Ulanenoffizier war vom Pferde gesprungen. (6) Der Verwundete bewegte sich. (7) Er hat mich unter meinem Pferde hervorgezogen.

5. Aus welchen Wörtern sind folgende Nomina zusammengesetzt (Beispiel: Eine **Wanduhr** ist eine **Uhr**, welche an der **Wand** hängt): Husarenoffizier, Handgelenk, Schußwunde, Schutzpatron, Atemzug, Mundwinkel, Feldflasche, Schlachtfeld, Armband, Kopfnicken?

VIII.

1. Setze das eingeklammerte Verb in den Konjunktiv: (1) Wenn du die Wege kennst, so (wissen) du vielleicht meinen Kameraden zu einem unserer Bivouaks zu führen. (2) Den Weg kenne ich so gut, daß ich ihn mit verbundenen Augen gehen (mögen). (3) Sonst (sein) wir längst in Sicherheit! (4) Er kam in scharfem Trab, um die Botschaft zu bringen, daß er einen Karren aufgetrieben (haben), der ihm auf dem Fuße (folgen). (5) Um sich zu überzeugen, daß das Fahrzeug keinen großen Schwierigkeiten begegnen (werden), ersuchte der Zuave, Halt zu machen. (6) Alles, was der Zuave mit Gewißheit versichern zu können glaubte, war, daß es keine Soldaten (sein), denn er (haben) deutlich Männer in Blousen bemerkt.

2. Füge das fehlende Hilfsverb des Passivs hinzu: (1) Diesem Befehl — Folge geleistet. (2) Heute — stark gekämpft. (3) Es ist hart, hier wieder gefangen zu —. (4) Das Pferd — von einem Manne geführt. (5) Das Stroh — zu einem weichen Lager gemacht. (6) Als der Husarenoffizier hinaufgelegt — —, versicherte er, behaglich wie im besten Bette zu liegen.

3. Vervollständige diese einfachen Sätze und achte auf die Wortfolge: (1) Es ist hart, —. (2) Das Übrige wird —. (3) Er trabte —. (4) Die Infanteristen hatten —. (5) Er kam —. (6) Der Kampf in der Nähe dieser Schlucht war —. (7) Der Ulanenoffizier gebrauchte die Vorsicht, —. (8) Man glaubte schon —.

4. Stelle zuerst das Objekt und dann das Adverbiale an die Spitze des Satzes: (1) Ich kenne den Weg allerdings gut. (2) Dieser wandte sich noch einmal an den Verwundeten. (3) Die Infanteristen hatten sich auf den Boden gelagert. (4) Der Karren folgte ihm auf dem Fuße. (5) Man sah seitwärts eine kleine Wald-Lichtung. (6) Man bemerkte dort eine ganz eigentümliche Gesellschaft. (7) Er hatte deutlich Männer in Blousen bemerkt.

5. (*a*) Bilde aus den Adjektiven Nomina mit den Endsilben **heit**, **keit** oder **ung**: sicher, schwierig, gewiß. (*b*) Bilde aus den Verben Nomina mit der Endsilbe **ung**: wenden, begleiten, richten, lichten.

IX.

1. Ergänze das fehlende substantivisch gebrauchte Adjektiv oder Partizip: (1) Das ist meine Ansicht, mich als — mitzunehmen. (2) Die — der Bande sind mit guten Schießgewehren versehen. (3) Wenn jene — vor- oder zurückgehen, so kommen wir — hier in den Rücken. (4) Der Jäger erhielt die Weisung, dort bis auf — zu halten. (5) Diese — waren gerade beschäftigt. (6) Wir müssen auf — gefaßt sein. (7) In kurzer Zeit waren sie an die — gelangt.

2. Ergänze das Numerale: (1) So bitte ich, — Mann zu bestimmen. (2) Ihre Leute hätten weiter nichts zu tun, als mir auf — Schritt Entfernung zu folgen. (3) Die — Mann, die ich dir mitgebe, unterstützen dich. (4) Er diente dabei in seinen Bewegungen den — Infanteristen, die ihm auf vielleicht — Schritte

Entfernung folgten, als vortreffliches Beispiel. (5) In kurzer Zeit waren alle — an die Lagernden gelangt. (6) Da krachte ein Schuß durch die stille Nacht, gleich darauf ein — und —. (7) Die — Bande fuhr in die Höhe. (8) Sie scharten sich wieder zusammen, um — Schüsse abzufeuern.

3. Aus dem zweiten Satz mache einen Ausdruck mit **um —zu**: (1) So bitte ich, zwei Mann zu bestimmen; sie machen mit mir eine Schleichpatrouille gegen den Feind. (2) Ihre Leute werden mir folgen; sie können mich aufnehmen. (3) Ich habe über Kavallerie nicht zu verfügen; ich kann ihnen nachsetzen. (4) Die Bande scharte sich wieder zusammen; sie feuerten einige Schüsse ab.

4. Aus den zwei Sätzen mache einen zusammengesetzten Satz. Wende die in Klammern stehende Konjunktion an: (1) Ich bin überzeugt; die meisten der Bande sind mit Schießgewehr versehen. (daß.) (2) Wir Übrigen kommen hier in den Rücken; jene Elenden gehen zurück. (wenn.) (3) Sie sahen; man hatte es mit einem Rudel Schlachtfeldhyänen zu tun. (daß.) (4) Er sah seine Finger voll Blut; er griff nach seiner Schulter. (als.)

5. Gebrauche in folgenden Sätzen Verben mit untrennbaren Vorsilben: (1) Ich bin (zeugen), daß die Bande mit gutem Schießgewehr (sehen) ist. (2) So bitte ich, zwei Mann zu (stimmen). (3) Ganz gut (denken) bis dahin. (4) Schade, daß ich nicht über Kavallerie zu (fügen) habe. (5) Die beiden Mann (stützen) dich.

X.

1. Setze die eingeklammerten Wörter in den Komparativ: (1) Er beabsichtigte, dorthin zu gehen und sich den Schauplatz (nahe) anzusehen. (2) Dem (dumpf) werdenden Ton der Schüsse nach zu urteilen, müssen sie — — — —. (3) Es wäre (gut) den Preußen auf das Feld hinzuwerfen. (4) Er ging auf die Idee des

Zuaven ein, nicht (lange) hier in der (kühl) werdenden Morgenluft zu halten, sondern (weit) zu ziehen. (5) Ich habe (viel) Blut verloren. (6) Das Fahrzeug bewegte sich fort, dem schon (hell) werdenden Morgenhimmel entgegen.

2. Gebrauche das Partizip Präsens oder das Partizip Perfekt des eingeklammerten Verbs in der richtigen Form: (1) Er beabsichtigte, sich den Schauplatz des (statthaben) Kampfes anzusehen. (2) So kam er (schwanken) an den Weg, den er vorhin, (folgen) von den beiden Infanteristen, (verlassen) hatte. (3) Hier mußte er sich einen Augenblick niedersetzen, um mit (zittern) Händen nach seiner Feldflasche zu langen. (4) Es war ihnen so gut (gelingen), daß sich François nach einigen (verunglücken) Versuchen auf seinen Beinen erheben konnte. (5) „Und die andern?" fragte er sich (umschauen). (6) „Weiß der Teufel, wo sie (bleiben) sind!" (7) Sie müssen sich nach St. Menges (hinziehen) haben. (8) Er hat sein Gewehr wieder (aufnehmen). (9) Der (verwunden) Husarenoffizier forschte begierig nach dem Resultat. (10) Sie hielten nicht länger in der kühler (werden) Morgenluft.

3. Aus dem ersten Satz mache einen Adverbialsatz. Wende die in Klammern stehende Konjunktion an:

(1) Er beabsichtigte, dorthin zu gehen; er fühlte sich doch nicht dazu im Stande. (Obgleich)

(2) Er tastete sich von Baum zu Baum mit den Händen; er vermochte es nur, sich fortzubewegen. (Indem)

(3) Er kam nach einiger Zeit zu sich; er bemerkte den Jäger. (Als)

(4) Mein Karren hält über eine Stunde da draußen vergebens; sie müssen sich nach St. Menges hingezogen haben. (Während)

(5) Wir sind nun doch wieder ganz unter uns; es wäre das Beste, den Preußen auf das Feld hinzuwerfen. (Da)

(6) Du ziehst es nicht vor, meinen Gewehrkolben zu fühlen; es wird für dich von großem Nutzen sein, dein Maul zu halten. (Falls)

4. Aus dem ersten Satz mache einen Bedingungssatz, zuerst mit **wenn**, dann ohne **wenn**:

(1) Du zweifelst vielleicht; ich will dich zur Probe schütteln.

(2) Ich hatte nicht viel Blut verloren; ich wäre sicher mitgegangen.

(3) Du kennst die Wege hier; du wüßtest vielleicht meinen Kameraden zu einem Bivouak zu führen.

5. Gebrauche in folgenden Sätzen Verben mit untrennbaren Vorsilben:

(1) Als er seine Augenlider zu (heben) (mögen), (merken) er einen Mann.

(2) Dem dumpfer werdenden Ton der Schüsse nach zu (teilen).

(3) Ich will dich zur Probe schütteln, daß dir Hören und Sehen (gehen).

(4) Er war soeben aus einem gesunden Schlafe (wachen).

XI.

1. Dekliniere folgende Wörterverbindungen: (1) der gute Doktor, (2) der brennende Schmerz, (3) ein letzter Strahl, (4) eine kleine Siesta, (5) ihr Auge.

2. Füge das fehlende Interrogativpronomen oder Interrogativadjektiv hinzu: (1) — wollen wir nicht begegnen? (2) — Waldwege wollen wir lieber folgen? (3) — sehen wir vor uns liegen? (4) — Tor befindet sich jenseits der Zugbrücke? (5) — saß nahe beim lodernden Feuer? (6) — Tochter war die jüngere Dame? (7) Von — wußte man nichts? (8) — Regiment hatte furchtbar gelitten? (9) An — Lager saß die Mutter Nächte lang? (10) — Herr war der Herzog von Rochambeau?

3. Vervollständige die zusammengesetzten Sätze durch einen Adjektivsatz:

(1) Lassen wir die blutigen Schlachtfelder, von deren —.

(2) Die Wege sind mit Kranken und Maroden bedeckt, die —.

(3) Wir folgen einem Waldwege, der —.

(4) Er ließ sich nicht stören durch das Sprechen einiger anderer Personen, die —.

(5) Sie hatte einen einzigen Sohn, der —.

(6) Das ist aber nichts, was —.

4. Vervollständige die zusammengesetzten Sätze durch einen Substantivsatz:

(1) Unsere Phantasie schildert, was —.

(2) Man sah deutlich, er —.

(3) Man hatte nur erfahren, daß —.

(4) Nehmen wir an, daß —.

(5) Man gab ihnen, was auch —.

(6) Du zweifelst, ob —.

5. Wandle folgende Sätze so um, daß ein zusammengesetztes Adjektiv darin vorkommt. — Beisp.: Die Frau war blaß wie eine Leiche; Die Frau war **leichenblaß**.

(1) Der Waldweg war gerade wie eine Schnur.

(2) Die Gänge haben die Form von Strahlen.

(3) Das Mauerwerk ist grau durch Alter.

(4) Sein Äußeres ist voll von Würde.

(5) Ein Mann, der oft Hilfe leistet.

XII.

1. Setze folgende Sätze in das Perfekt: (1) Er setzt sich eine preußische Pickelhaube auf. (2) Die Nahestehenden ziehen sich scheu vor ihm zurück. (3) Der Jäger eilte die Freitreppe hinauf. (4) Ich bringe Ihnen ein Paar Verwundete mit. (5) Der Herzog steigt mit der Gräfin in den Schloßhof hinab. (6) Sie finden sich auf wunderbare Art zusammen.

2. Füge anstatt der fett gedruckten Wörter Relativsätze hinzu: (1) Da sah man **bewaffnete** Gestalten. (2) Das war nur ein **stark rumpelnder** Karren. (3) Sein halbes Gesicht war mit **getrocknetem** Blut bedeckt. (4) Er sank in die Arme einer **laut aufschreienden** schönen Frau. (5) Er faßte die **dargebotene** linke Hand. (6) Ich werde unsere **kaum glaublich scheinende** Rettung erzählen. (7) Der andere wurde auf den Befehl des **rasch herbeigeeilten** Marquis herabgehoben.

3. Verwandle die indirekte Rede in die direkte:

(1) Der Marquis sagte ihr sanfte Worte, wobei er hervorhob, daß — — — — — — — — — — — — nach Paris. (Seite 24)

(2) Alles, was der Zuave mit Gewißheit versichern zu können glaubte, war, daß es keine Soldaten seien — — — — — — — mit irgend etwas beschäftigt seien. (Seite 17)

4. Verwandle die direkte Rede in die indirekte:

François sagte: „Bei mir hat's keine Gefahr — — — — — — — — — — — — — — — — Kriegsgefangenschaft." (Seite 25)

5. Nenne die Adjektive zu: Preußen, Frankreich, England, Italien, Spanien.

Kleine Themata mit Stichwörtern zur Nacherzählung.

1. Beschreibe den Zuaven und unter welchen Umständen er den Jäger fand. (Seite 2)

Gestalt — Zuave — bemerken, Fes — statt — Tuch — Kopf — wickeln, als Verband dienen — Säbelhieb — Stirne — Wange — hinabreichen. Blut — Gesicht — Hals — färben, zuweilen — Finger — Wunde — fühlen, viel daraus machen — Gedanken — erfüllt. Sich zeigen — Beweglichkeit — Ausdauer bemühen — vorwärts — drängen — seitwärts — schieben — Kolonne — durchbrechen. Steintreppe — Haus — gelangen, Stufe — sitzen — Gestalt — schmächtig — Uniform — Jäger, Haar — schwarz, Gestalt — anstoßen — leicht — Knie.

2. Schreibe ein kurzes Gespräch über das Recht der Kriegsgefangenen, sich in Freiheit zu setzen. (Seite 3 u. 4)

Wissen — wohl, jeder Kriegsgefangene — Recht — haben, sich — Freiheit — setzen, wenn — möglich? Ja, möglich. Verwundet? Streifschuß — Arm — hindern, müde — zerschlagen — Glieder, kaum — Treppe — sich erheben, weiter — schleppen. Freiheit — winken. Gehen können — wie sonst. Für zwei marschieren, Rücken — wie früher — nehmen. Folgen? Nah — Heimat! Gelingen müssen, wenn — wollen — kurze Zeit — Anordnungen — sich fügen. Folgen wollen — Mut haben — wagen, wenn — im schlimmsten Falle — zusammenschießen, besser — fangen. Hören — also, was — ausdenken. Wenn — Eckhaus — sein, Schulter — packen, Sie — nichts — tun, als — willenlos — sich fortziehen lassen. Abgemacht? Abgemacht, Gott — lohnen — François.

3. Laß den Jäger beschreiben, wie er und der Zuave sich über die Mauer retteten. (Seite 5 u. 6)

Schulter — fassen, heftig — fortreißen — Mauerecke drücken, Hand — Mund — verschließen. Regungslos — stehen — einige

Minuten, lauschen — Geräusch — Kolonne — Rasseln — Wagen. Straße — erreichen, die — öde — liegen. Zuweilen — sehen — Ende — Mauern — undeutliche Gestalten. Emporheben — Gefährte — Mauer, „Hinüber!“, — so hastig — befolgen, daß — andere Seite — hinabrollen, aber — Gartenland — fallen. Aufblicken — sehen, daß — François — behende — folgen — Mauer — sich befinden; doch Blut — erstarren, als — Krachen — Schüsse — hören, als — sehen, wie — Gestalt — zusammenzucken — schwanken — leblos — niederstürzen.

4. Welche Gefahr liefen die Flüchtlinge, zwischen der Stadtmauer und dem Hohlweg entdeckt zu werden? (Seite 7 u. 8)

Ende — Mauer — erreichen, wo — Maas — begrenzen. Weg — gefährlich, denn sobald — Stadt — vorüber sein, sehen — Ufer — neben sich — Leuchten — Wachtfeuer. Wenn — Soldaten — an ihren Feuern — nicht blind, müssen — uns — sehen, sobald — Fläche — betreten, die — trennen. Vorwärts! Glücklicherweise — nicht gesehen. Am nächsten Wachtfeuer — aufspringen — Hund — erreichen — Rand — Hohlweg, als — verschwinden.

5. Was die Flüchtlinge im Hohlwege sahen und hörten. (Seite 9)

François — berühren — Schulter — Jäger — zeigen — aufwärts — Wand — Hohlweg, wo — Schatten — erscheinen, an denen — Pickelhaube, sowie — Bajonnettspitze — erkennen können; dann — Worte, welche — Häupter — sprechen. Bemerken, wie — Himmel — Glut — anstrahlen. Rückwärts schauend, sehen — Donchery — Flammen — emporsteigen, zugleich, wie — Infanterieposten — Kehrt machen, um — zu schauen. Laufen Sie! Hundert Schritte — machen, als — Schüsse — krachen, dicht — Kopf — Blei — Lauf — beschleunigen.

6. Wie der Verwundete zum Bewußtsein zurückgebracht wurde. (Seite 11)

François — sich hinabbücken, um — Boden — niederzuknieen und — Körper — umzuwenden, so daß — Gesicht — aufwärts —

liegen. Es war — Husarenoffizier, dessen — Attila — Blut — überströmen. Gesicht — fahl — bleich, doch — Augen — schließen, und als — François — sich hinabbeugen, spüren —, daß — atmen. Füße — wenigstens — hervorziehen und — Rücken — lehnen. Oberkörper — aufrichten, so daß — Pferd — aufrecht sitzen. Der Verwundete — öffnen — Augen und schauen — Zuaven — an. Dann — entringen — Seufzer — Brust, Lippen — sich bewegen — „Durst."

7. Die Wiedergefangennahme der Flüchtlinge. (Seite 13)

François sah — Begleiter — unter den Fäusten — Infanteristen — zusammenbrechen. Er sah, wie — Bajonnett — zum Stoße — Brust — Graf — ausholen. Spitze — Eisen — berühren — Hals. Da hörte er — Stimme, die — „Halt" — rufen, und dann — Offizier — ansprengen, der — Säbel — Bajonnett — schlug. Der Offizier — Pferd, parieren — Zuave und — befehlen, Körper — niederlegen. In — Augenblicke — sich fühlen — François — Fäuste — packen und spüren — Strick, den — Handgelenke — schnüren.

8. Was der Ulanenoffizier zur Hilfe des verwundeten Husarenoffiziers brachte. (Seite 16)

Der Ulanenoffizier kam — Trab daher, um — Botschaft — bringen, daß — Karren — auftreiben, der — Fuß — folgen; und bald — sich zeigen —, mit — bespannen, welches — Blouse — führen. Es war — Transportmittel, nur — Kasten — Räder, jedoch — Stroh — füllen, welches — Lager — machen, daß man Decken — Kavalleriepferde — nehmen. Als — sanft — hinauflegen —, danken — Worte und versichern, behaglich — Bett — liegen. Auch — Ulan — Flasche — Stück — mitbringen, und nachdem — Verwundete — nehmen, sich fühlen — kräftig —, um — Fahrt — .

9. Der Zuave erzählt dem Jäger von seinem Gefecht mit den Schlachtfeldhyänen. (Seite 18)

Mit — Gewandtheit — vordringen. Infanteristen — fünfzig Schritte — folgen. In kurzer Zeit — die Lagernden — gelangen. Sehen, daß — Schlachtfeldhyänen — tun —, und daß — beschäftigt —, — Beute — teilen und — Tornister — Pferdedecken — zusammenpacken. Da krachen — Schuß — ein zweiter — einer — taumeln — stürzen — Boden, worauf — Bande — Höhe — fahren, zuerst — auseinanderstäuben, dann — sich zusammenscharen, um — Schüsse — abfeuern, wo man — Blitz — Pulver — sehen. Denn — Pferd — Ulanenoffizier — zusammenstürzen und — Augenblick — fühlen — Schmerz — Schulter, und als — greifen, sehen — Finger — Blut.

10. Das Gespräch zwischen dem Zuaven und dem Führer des Karrens. (Seite 20)

„Und die andern?“ — Zuave, sich —.

„— Teufel, wo — bleiben!“ — Mann — Blouse. „Dem — Ton — urteilen, müssen — hinziehen, während — Pferd — Karren — über eine Stunde — halten. Da wir — wieder — unter — sein, wäre —, den Preußen — Feld — hinwerfen und — Maul — stopfen.“

„Wer — ?“ — Zuave.

„Nun, einer —, der — folgen, und — schon vor — Stunde — Schuß — Bein — herausschleppen.“

„So, so,“ erwidern —, „nun ich — sagen: Statt — Maul — stopfen, werden — Nutzen —, — Maul — halten, falls — vorziehen, Gewehrkolben — fühlen; wenn — zweifeln, ob ich — kräftig —, so — Probe schütteln, daß — Hören — vergehen, und — !“

11. Schilderung des Schlosses und seiner Bewohner. (Seite 22)

Das alte Schloß ist von einem tiefen Wassergraben umgeben und die Zugbrücke — aufziehen. Jenseits — befindet sich — Tor. Nahe beim — Feuer, im — Kaminwinkel, sitzen — Herr — auf —

Lehnstuhl — Hände, und — Kopf — Brust herabhängen, daß man — sehen —, er — Siesta. Er — sich stören — Sprechen — Personen, die teils — Kaminfeuer stehen, teils — Nähe — sich niederlassen. Der alte Herr — Herzog, — Vater — Marquis, und die — Dame — Gräfin —. Diese erhob — Kopf — Fräulein — und — bleiches Gesicht mit — — schön — Gesichtszüge. Sie — Wittwe und hatte — Sohn, der — Armee — sich befinden.

12. Ankunft der Flüchtlinge in dem Schlosse. (Seite 24)

Es rumpelte und — auf — Zugbrücke, als — Kavallerie —, oder als — Pikett — Planken, da sah man — Schein, den — Pechfackeln — Tor — werfen, bewaffnete — nahen, da sah man — Pickelhauben —. Das war — imposant — Macht, sondern — Karren, bespannt — Pferd und geführt — Mann —, der — Pickelhaube — aufsetzen. Voraus — Zuave, den Chassepot — Hand, der — so ehrfurchtgebietende — bieten, daß — die Nahestehenden — zurückziehen, und daß — Mensch — Uniform — Platz — finden, um — Hof — durchfliegen, — hinaufeilen, um — Arme — Frau — sinken.

„François, Ihr — ?“ — Frommental, indem er — eilen — Hand — fassen — schütteln.

„Ja, Herr, ich — und — Herr — auch: er, — Himmel — danken, ich — Schmarre — Nase.“

Leseübungen in Phonetischer Umschrift.

(Mit dem Satzakzent.)

Kapitel I. Seite 1.

1. vɑs ′vɑːr dɑs? vɑs hɑtə ′ɛs tsuː bə′dɔitən, dɑs ′nuːn diː ′luftʃtrøːmuŋ ′lɑiçtə ′hɔrnzignɑːlə, jɑː diː me″loːdiʃən ′klɛŋə fɔn re′gi″mentsmu″ziːkən, ″ɑlər′diŋs ′undɔitliç, ′ɔft nuːr ′in ″ɑintsəlnən ′ɑ′kɔrdən tsuː ′uns hɛ′ryːbərfyːrtə — dɑn hu′rɑ(ː) ′hiːr ′und hu′rɑ(ː) ′dɔrt, ′lɑizə bə′ginənt, ′rɑʃ ″ɑnʃvɛlənt, ′jɛtst gə′vɑltiç, ′diçt foːr deːm ′ɔrtə ′ɛr′tøːnənt, dɑn ′ɑm ″ɑingɑŋ deːr ʃtɑt, ′ɑuf deːm ′mɑrktplɑtsə, ′imər′vildər, ′imər ′brɑuzəndər — ′ɑin ′juːbəlruːf, ′in deːn ″ɑləs, vɑs dɑː ′ʃrɑiən kɔntə, mit″ɑinʃtimtə, ′ɑls ′ɑinə pɑ′truljə ′roːtər hu″zɑːrən ′yːbər dɑs ′pflɑstər dɑ″heːrʃprɛŋtə, ′ɑin ′ɔfi″tsiːr fo″rɑn, deːn ′zɛbəl ′ʃviŋənt, ′ɑn deːn ′eːr ′ɑin ′vɑisəs ′tuːχ gə′bundən hɑtə, ′unt mit ′lɑutər ʃtimə ′ruːfənt: "kɑmə′rɑːdən, deːr ′kɑizər ′ist gə′fɑŋən mit zɑinər ′gɑntsən ′ɑr′meː!"

Kapitel II. Seite 3.

2. deːr ″ɑndərə niktə mit deːm ′kɔpfə, dɔχ ′eːə ′eːr ′ɛtvɑs ′ʃprɑːχ, ′bliktə ′eːr ″ɑufmɛrkzɑːm ′riŋs′um′heːr, ′unt ′eːrst ′ɑls ′eːr bə′mɛrktə, dɑs diː ′prɔisiʃən zɔl′dɑːtən deːr bə′glɑituŋ niçt tsuː ′nɑːə bɑi ′iːnən ʃtɑndən, ′glit′ ′eːr ′ɑuf dɑs ′ʃtɑinpflɑstər ′niːdər, ′zɛtstə ziç neːbən deːn ′jɛːgər ′unt ′flystərtə ′iːm ′tsuː: "′gɔt zɑi ′dɑŋk, dɑs ′iç ziː ′ɛntliç gə′fundən hɑːbə! ′ɛs hɑt ′myːə gə′nuːk gə′kɔstət, durç ′ɑin pɑːr ′tɑuzənt ′mɑn bis ′hiːr′heːr tsuː driŋən — ′visən ziː ′voːl, dɑs viːr hiːr ′in ′dɔ̃ʃəri zint, hɛr ′grɑːf?" "oː, ′iç ′vɑis ′ɛs, iç ′vɑis ′ɛs." "dɑs viːr hɔitə ′nɑχt geːgən boːmɔ̃ gə′fyːrt veːrdən — ′mɔrgən vɑitər nɑːχ ′dɔitʃlɑnt tsuː?" "′iç ′vɑis ′ɛs." "′ɑls ′kriːksgəfɑŋənə!" "′oː ′jɑː, ′oː ′jɑː." "dɑn ′visən

zi: ’auχ vo:l, das je:dər ’kri:ksgəfaŋənə das ’rɛçt hat, ja: di: ’pfliçt hat, ziç ’in ’fraihait tsu: zɛtsən, vɛn ’i:m das ’mø:kliç ’ist?”

Kapitel III. Seite 5.

3. ’re:guŋslo:s ’ʃtandən hi:r ’baidə ’ainigə mi’’nu:tən, ’fast ’o:nə tsu: ’’a:tmən, ’lauʃənt ’auf das gə’rɔiʃ de:r fo’’ry:bərtsi:əndən ko’’lɔnə, ’auf das ’rasəln de:r ’va:gən; ’unt ’als ’baidəs ’imər ’ʃvɛçər vurdə ’unt ’’ɛntliç gants ’ɛr’ʃtarp ’in de:m ’zauzən ’unt ’brauzən, das fɔm ’marktplats ’imər nɔχ hɛ’ry:bərtø:ntə, ’flystərtə de:r tsu’’a:ve zainəm ’juŋen gə’fɛ:rtən tsu: : “fo:r de:r ’hant gə’rɛtət, ’a:bər ’hi:r ’in niçt ’mindərər gə’fa:r!” ’da:mit ’bɔiktə ’e:r ziç ain ’ve:niç ’auf di: zaitə ’unt ’maχtə ’ɛs ’zo: de:m ’andərn ’mø:kliç, de:n ’tsi:mliç ’duŋklən ’ve:k tsu: ’y:bər’ze:ən, tsu: ’glaiçər tsait ’a:bər di: ’vait ge’’œfnətən ’ʃtalty:rən, ’aus ’de:nən ’liçtʃain hɛr’fo:rdraŋ, bai vɛlçəm man ’tsa:lraiçə ’pfe:rdə diçt ’an-’ai’nandər gə’drɛŋt ’ʃte:ən ’unt jɛtst ’’ainən fɔn de:r ’prɔisiʃən ’ʃtalvaχə ɛr’ʃainən za:.

Kapitel IV. Seite 7.

4. “’’alə ’tɔifəl,” za:ktə ’e:r, “va’’rum bin ’iç dɛn ’hi:r ’’aingəʃla:fən ’unt vo: ’zint vi:r ’’aigentliç? ’ʃve:pt mi:r dɔχ zo: ’ɛtvas ’fo:r, ’als ’hɛtə man ’uns tsu: ’kri:ksgəfaŋənən gə’maχt?” “ja:, ja: zo: ’va:r ’ɛs ’auχ,” ’flystərtə de:r ’’andərə, ziç ’ti:f tsu: ’i:m hɛ’rapbɔigənt, “dau va:rən vi:r ’auf de:r ’fluχt ’unt ve:rənt vi:r ’y:bər di:zə ’mauər ʃpraŋən, ’ʃɔs man hintər ɔiç ’drain, vo’’rauf ’i:r ’hi:r tsu: mainən fy:sən ’ni:dərfi:lt.” “’unt das ’ist ʃo:n ’laŋə ’he:r?” “’o: ’nain, ’kaum ’ainə virtəl’ʃtundə.” de:r tsu’’a:və ’riçtətə ziç ’laŋza:m ’auf ’unt ’ʃytəltə ’laiçt de:n ’kopf, na:χ’de:m ’e:r ’in de:r ’nɛ:ə de:r ’ʃlɛ:fə zainən ’ʃɛ:dəl bə’ry:rt ’unt dan zainə ’fiŋər bə’traχtət, an ’de:nən ’kainə ’ʃpu:r fɔn ’blu:t tsu: ’ze:ən va:r. dan ’za:ktə ’e:r na:χ ’ainigəm bə’zinən: “’jetst kan ’iç mi:r ’dɛŋkən, vi: das gə’komən ’ist. ’ɛs kan ’niçt ’’andərs zain, ’als das di: 'ku:gəl ainən 'ʃtain fɔn de:r mauər ''apgəlø:st 'unt mi:r 'an de:n 'kɔpf gə'ʃlɔidərt hat."

Kapitel V. Seite 9.

5. "'je:dən'fals zitsən vi:r 'hi:r 'in 'ainər gu:tən 'falə," 'maintə de:r tsu''a:və na:χ ''ainigər 'tsait, "'unt kœnən 'uns 'niçt ''andərs hɛlfən, 'als ven vi:r bai mainəm fo:r'hin gə'fastən 'pla:nə blaibən." 'de:n 'tailtə 'e:r zainəm juŋən gə'fɛ:rtən mit, bə'tsaiçnətə 'i:m 'auχ di: ''ungə'fɛ:rə ʃtɛlə, vo: hi'nauf-gəklɛtərt ve:rdən mustə, 'unt 'als di: 'baidən 'ʃatən 'dro:bən ʃo:n zait ''ainigər 'tsait 'gɛntsliç fɛr'ʃvundən va:rən, 'na:m 'e:r zainən 'mantəl vi:dər 'auf di: 'ʃultər 'unt bə'dɔitətə de:m juŋən 'jɛ:gər mit de:r 'hant, 'i:m tsu: 'fɔlgən. 'hi:r va:r ʃo:n di: 'baumvurtsəl 'unt na:χ ''ainigəm 'y:bər'le:gən 'fant 'ɛs frã:swa fy:r 'rɛ:tliç, zainən 'ʃmɛçtigən, 'fi:l 'klainərən bə'glaitər fo''raus ''aufvɛrts klɛtərn 'unt fo''raus laufən tsu: lasən, 'um 'i:m 'auf 'di:zə 'a:rt gə'visər'ma:sən de:n 'rykən tsu: dɛkən.

Kapitel VI. Seite 11.

6. zi: 'vandərtən 'vaitər 'unt 'za:ən 'balt das dœrfçən ''ili 'in ''undɔitliçən 'umrisən 'fo:r ziç 'auf der 'hø:ə li:gən, fɔn 'ainər 'diçtən 'grauən 'rauχvɔlkə 'y:bər'ra:kt, di: ziç 'in de:r ʃtilən 'naχtluft 'ho:χ 'ɛm'po:rho:p. "'iç vais 'niçt, 'vas 'ɛs va:r," 'flystərtə de:r 'jɛ:gər 'als'dan, "dɔχ 'ʃtraiftə 'ɛtvas main 'kni:, ja' 'fastə miç ''an 'unt li:kt 'jɛtst 'auf de:r 'ʃpitsə mainəs 'ʃti:fəls." "zɔltə hi:r nɔχ vas le''bɛndigəs zain — 'mø:kliç ve:rs ''imər" — da''bai 'byktə ziç frãswa hi'nap, 'um 'als'dan 'auf de:n 'bo:dən 'ni:dərtsu'kni:ən 'unt 'ainən dɔrt bə'fintliçən, ''anʃainənt 'to:tən 'mɛnʃliçən kœrpər ''umtsu'vɛndən, zo: das das gə'ziçt ''aufvɛrts tsu: 'li:gən 'ka:m.

Kapitel VII. Seite 13.

7. di: zɔl'da:tən 'murtən tsi:mliç 'laut 'unt 'dɔitliç. 'in di:zəm ''augənblikə 'fy:ltə ziç frã:swa fɔn 'ain pa:r 'krɛftigən 'fɔistən gəpakt 'unt 'ʃpy:rtə tsu: 'glaiçər 'tsait de:n 'ʃtrik, 'de:n

man 'um zainə 'bantgəlɛŋkə 'ʃny:rtə. dɔχ 'ke:rtə trɔts ''alə'de:m zain 'glaiçmu:t ''augən'blikliç tsu''ryk, 'e:r 'varf di: 'lipən 'untər 'ainəm ''alər'diŋs 'traurigən 'lɛçəln ''auf 'unt 'maintə ''aksəltsukənt: "di: 'to:tən kœnən niçt me:r 're:dən, 'unt vɛn 'de:r da: 'untər'dɛsən gə'ʃtɔrbən 'ist, zo: 'ge:bə 'iç 'zɛlpst 'kainən 'su: me:r fy:r main 'le:bən. 'kɔmt 'e:r 'a:bər vi:dər 'tsu: ziç, vas ja· 'auχ 'mø:kliç 'ist, zo: 'last 'i:n 'ʃprɛçən!" de:r 'u'la:nənofi''tsi:r va:r fɔm 'pfe:rdə gə'ʃpruŋen 'unt bə'ʃɛftiçtə ziç mit zainəm kamə'ra:dən, 'de:r 'alər'diŋs 'in 'ainər bə'dɛŋkliçən ''o:nmaχt 'la:k. da· 'e:r kainə ''andərə fɛr'lɛtsuŋ 'ɛnt'dɛktə 'als di: 'ʃusvundə, di: 'e:r zo''glaiç 'als 'ainə 'zɔlçə ɛr'kant, 'bliktə 'e:r 'fra:gənt tsu: de:m 'trɔtsiç 'da:ʃte:əndən tsu''a:vən ''auf.

Kapitel VIII. Seite 15.

8. "'lø:st 'i:m di: 'bandə!" di:zəm bə'fe:l dɛs 'u'la:nən-'ɔfi''tsi:rs vurdə ''augən'blikliç 'unt 'aufs bə'raitviliçstə 'fɔlgə gə'laistət. "vɛn du: di: 've:gə 'hi:r 'kɛnst," 'za:ktə de:r 'u'la:nən'ɔfi''tsi:r, de:r vi:dər tsu: zainəm 'pfe:rdə gə'tre:tən va:r, "zo: 'vystəst du: fi'laiçt mainən 'armən kamə'ra:dən 'auf 'ainəm ''umve:gə tsu: 'ainəm 'unzərər bi'vu''aks 'o:dər 'ambu''lantsən 'in de:r nɛ:ə fɔn 'dɔ̃:ʃəri tsu: 'fy:rən." "de:n 've:k kɛnə 'iç ''alər'diŋs zo: 'gu:t, das 'iç 'i:n mit fɛr'bundənən ''augən bai 'ta:gə 'unt 'auχ bai 'naχt 'ge:ən mœçtə. 'e:r 'fy:rt 'dɔrt ne:bən ''ili durç 'ainə 'ʃluχt, 'in de:rən 'nɛ:ə 'hɔitə ''alər'diŋs 'ʃtark gə'kɛmpft vurdə; ''a:bər main 'ɔfi''tsi:r, 'ɛs 'ist 'hart, hi:r 'o:bən 'vi:dər gə'faŋən tsu: ve:rdən, vail vi:r 'uns 'mitlaidigər'vaize mit 'i:rəm hɛrn kamə'ra:dən bə'ʃɛftiçt — 'zɔnst vɛ:rən vi:r 'lɛŋst 'in 'ziçərhait!"

Kapitel IX. Seite 17.

9. 'de:n tsu'zaməntsu'ʃi:sən 'je:dən'fals 'ain 'gu:təs 'vɛrk vɛ:rə! 'a:bər 'fo:rziçtiç mysən vi:r zain, dɛn 'iç bin 'y:bər'tsɔikt, das di: 'maistən de:r 'bandə mit 'gu:təm

'ʃi:sgəve:r fɛr'ze:ən zint. zo: bitə 'iç, 'tsvai 'man tsu: bə'ʃtimən, 'um mit mi:r 'ainə 'ʃlaiçpatruljə ge:gən de:n 'faint tsu: maχən. man hat das gants fa'mo:s 'in 'mɛksi·ko: ge:gən di: ge·ril'je:ro:s gə'lɛrnt, 'unt 'i:rə 'lɔitə hɛtən vaitər 'niçts tsu: tu:n, 'als mi:r 'auf 'fynftsiç 'ʃrit 'ɛnt'fɛrnuŋ tsu: 'fɔlgən, 'um miç 'im 'fal 'no:tvɛndigən tsu''rykge:əns, vas ja· 'auχ 'mø:kliç 'ist, ''aufne:mən tsu: kœnən. — 'ze:ən zi:, main 'ɔfi''tsi:r, hi:r glaiç fɔm 've:gə ''ap tsi:ən ziç 'ʃtarkə 'ʃtɛmə 'im 'halpkrais bis tsu: de:r 'liçtuŋ da· 'dry:bən, vo: 'je:nə 'la:gərn. 'iç ve:rdə 'i:nən fɛr'mitəlst di:zər 'dɛkuŋ zo: 'na:ə 'als 'mø:kliç 'auf de:n 'laip rykən 'unt na:χ ''umʃtɛndən 'ʃnɛl 'fɔiər 'auf zi: 'ge:bən.

Kapitel X. Seite 19.

10. vi: 'im 'traumə 'ʃtartə 'e:r 'auf di: 'valtvi:zə 'hin, vo: ''aintsəlnə 'duŋklə gə'ʃtaltən 'la:gən, 'auχ 'ain 'pfe:rt, vi: 'ɛs 'i:m 'ʃi:n ; 'unt 'ɔp'glaiç 'e:r bə''apziçtiçtə, 'dɔrt'hin tsu: 'ge:ən 'unt ziç de:n 'ʃauplats dɛs 'ʃtatgəha:ptən 'kampfəs 'nɛ:ər ''antsu:ze:ən, zo: 'fy:ltə 'e:r ziç dɔχ 'niçt da''tsu: 'im 'ʃtandə, ja· 'e:r fɛr'mɔχtə 'ɛs 'nu:r, ziç 'fɔrttsu·bəve:gən, 'in'de:m 'e:r ziç fɔn 'baum tsu· 'baum mit de:n 'hɛndən 'vaitər 'tastətə.

zo: ka:m 'e:r 'ʃvaŋkənt 'an de:n 've:k, de:n 'e:r fo:r'hin, gə'fɔlkt fɔn de:n baidən 'infantə'ristən, fɛr'lasən, 'unt 'hi:r mustə 'e:r ziç 'ainən ''augənblik 'ni:dərzɛtsən, 'um mit 'tsitərndən 'hɛndən na:χ zainər 'fɛltflaʃə tsu: 'laŋən, 'aus vɛlçər 'i:n 'ain laŋər 'tsu:k 'zo: 'vait 'ʃtɛrktə, das 'e:r 'vi:dər ''auftsu:ʃte:ən 'unt de:r 'valtʃtra:sə tsu: 'fɔlgən fɛr'mɔχtə bis 'ans ''ɛndə de:rzɛlbən, vo: 'e:r nɔχ 'in 'ne:bəlhaftən ''umrisən de:n 'karən fo:r ziç bə'mɛrktə — — dan 'zaŋk 'e:r vi:dər ''um 'unt 'za: 'niçts 'vaitər me:r.

Kapitel XI. Seite 22.

11. 'untər di:zən gə'daŋkən ha:bən vi:r das 'altə 'ʃlɔs 'ɛr'raiçt, 'unt 'ɔp'glaiç 'ɛs fɔn 'ainəm 'ti:fən 'vasərgra:bən 'um'ge:bən 'unt di: 'tsu:kbrykə 'y:bər de:n'zɛlbən ''aufgətso:gən

'ist, 'je:nzaits de:r'zɛlbən 'a:bər ziç 'ain 'ʃve:r mit 'aizən bə'ʃla:gənəs 'to:r bə'findət, zo: hɛlt ''aləs 'das 'unzərə fanta·'zi: niçt ''ap ''aintsu·driŋən 'unt tsu: 'ʃildərn, vas vi:r hintər 'tsu:kbrykə, 'to:r 'unt 'màuər gə'ze:ən.

'na:ə baim 'lo:dərndən 'fɔiər, 'im trauliçən ka'mi:nviŋkəl, za:s 'ain 'ze:r ''altər 'hɛr fɔn 'vyrdəfələm, 'fo:rne:mən ''ɔisərən 'auf 'ainəm 'ho:ən 'le:nʃtu:lə mit gə'faltətən 'hɛndən, 'unt 'li:s de:n 'kɔpf 'zo: 'ti:f 'auf di: 'brust hɛ'raphɛŋən, das man 'dɔitliç 'za:, 'e:r 'haltə ''e:bən 'ainə 'klainə zi'ɛsta:. 'e:r li:s ziç da·'rin 'auχ durç''aus niçt 'ʃtø:rən durç das tsi:mliç 'lautə 'ʃprɛçən 'ainigər ''andərn pɛr'zo:nən, di: 'tails fo:r de:m ka'mi:nfɔiər 'ʃtandən, 'tails ziç 'in de:r 'nɛ:ə dɛs'zɛlbən 'ni:dərgəlasən hatən.

Kapitel XII. Seite 24.

12. 'das va:r nu:n ''alər'diŋs 'kainə 'impo·'zantə, bə'vafnətə 'maχt, zɔndərn nu:r 'ain ''e:lɛndər, 'ʃtark 'rumpəlndər 'karən, bə'ʃpant mit 'ainəm 'ɛr'my:dətən 'pfe:rdə 'unt gə'fy:rt fɔn 'ainəm 'manə 'in 'blauər 'blu:zə, de:r ziç tsur 'kurtsvail 'o:dər 'aus ''irgənt 'ainəm ''andərn 'grundə 'ainə 'prɔisiʃə 'pikəlhaubə ''aufgəzɛtst hatə. 'fo:raus 'a:bər 'ʃrit 'ain 'ri:zənhaftər tsu·'a:və, de:n ʃasə'po: mit ''aufgəpflantstəm 'ja:ta·gan 'in de:r 'hant, de:r, 'ɔp'glaiç fɛr'vundət, — zain 'halbəs gə'ziçt va:r mit gə'trɔknətəm 'blu:tə bə'dɛkt — dɔχ ''imər'hin 'ainə 'zo: ''e:rfurçtgə'bi:təndə 'ɛr'ʃainuŋ bo:t, das ziç di: 'na:ə'ʃte:əndən 'ʃɔi foːr 'i:m tsu·'ryktso:gən, 'unt das jɛtst 'ain 'ʃmɛçtigər 'juŋər mɛnʃ 'in de:r 'u·ni·'fɔrm de:r fran'tsø:ziʃən 'jɛ:gər 'plats gə'nu:k 'fant, 'um 'an 'i:m fo·'ry:bər de:n 'ho:f tsu: durç'fli:gən, di: 'fraitrepə hi'nauftsu·'ailən, 'um dɔrt 'in di: ''armə 'ainər 'laut ''aufʃraiəndən 'ʃø:nən 'frau tsu: 'ziŋkən.

Printed in the United States
By Bookmasters